MINECRAFT

SAMMELN, KOCHEN, ESSEN!

DAS OFFIZIELLE KOCHBUCH

MINECRAFT

SAMMELN, KOCHEN, ESSEN!

DAS OFFIZIELLE KOCHBUCH

VON TARA THEOHARIS

INS DEUTSCHE ÜBERTRAGEN
VON ANDREAS KASPRZAK

cross cult

INHALT

SNACKS UND APPETIZER

HAUPTGERICHTE

DESSERTS

GETRÄNKE

MINECRAFT-MENÜPLANER

EINFÜHRUNG

Die Welt ist voller Freunde und Essen. Wenn ihr *Minecraft: Java Edition* gespielt habt, wisst ihr wahrscheinlich, dass dieser Satz mit dem Landwirtschaft-Fortschritt verbunden ist. Und mal im Ernst: Gibt es ein besseres Lebensmotto? Wenn auch für euch Freunde und Essen zu den wichtigsten Dingen des Daseins gehören, ihr ständig nach Vorwänden sucht, eine Party zu schmeißen oder ein neues Rezept auszuprobieren, und ihr euch beim Spielen von *Minecraft* schon des Öfteren gefragt habt: „Wie kann ich das genießbar zubereiten?“ Dann ist dieses Buch genau das Richtige für euch! Dies ist eine Ode an das Spiel, das wir alle lieben – Gerichten, die von den Biomen, den Mobs und, ja, dem Essen von *Minecraft* inspiriert sind.

Genauso, wie es viele unterschiedliche Arten gibt, *Minecraft* zu spielen, gibt es viele Möglichkeiten, dieses Kochbuch zu nutzen. Die Rezepte auf diesen Seiten sind nach bekannten Mahlzeitentypen sortiert (Vorspeisen/Snacks, Hauptgerichte, Desserts und Getränke). Zudem ist jedem Rezept ein bestimmter Spielertyp zugewiesen, der dieses bestimmte Gericht inspiriert hat:

- **KÄMPFER-REZEPTE** erinnern an geschlagene Schlachten und errungene Siege.
- **VERSORGER-REZEPTE** bieten zusätzliche Nährwerte oder das befriedigende Gefühl von Leibspeisen … oder beides!
- **BAUMEISTER-REZEPTE** feiern den Architekten in uns allen.
- **ENTDECKER-REZEPTE** beschwören die freie Natur und Reisen nach Nah und Fern.
- **ERFINDER-REZEPTE** sind so komplex und aufregend wie geniale Redstone-Fallen.
- **FORTSCHRITTSJÄGER-REZEPTE** vermitteln euch das Gefühl, einen *Minecraft*-Fortschritt in der wahren Welt erreicht zu haben.

Neben Kochanweisungen und den dafür nötigen Zutaten findet ihr in diesem Buch außerdem Ernährungshinweise, um Gerichte z. B. vegan oder glutenfrei zuzubereiten. Genau wie in einer *Minecraft*-Partie könnt ihr entweder unermüdlich nach etwas Bestimmtem suchen, das ihr braucht, oder ihr beginnt eure Reise ganz am Anfang und erkundet alles linear, um zu sehen, was ihr unterwegs findet. Ihr könnt in den Kreativmodus wechseln und die Ideen aus diesem Buch verwenden, um selbst einzigartige Kreationen zu erschaffen. Oder ihr kocht, als wärt ihr im Überlebensmodus, um einfach irgendwas Essbares auf den Tisch zu bringen, bevor eure Sättigungspunkte auf null sinken.

Ganz gleich, wie ihr diese Rezepte angeht, letztlich dienen sie allein dazu, eure eigene Fantasie anzuregen. Ersetzt die hier verwendeten Zutaten doch einfach durch eure Lieblingsfrüchte, euer Lieblingsgemüse und eure Lieblingsproteine! Halbiert oder verdoppelt die Zutatenmengen. Macht euch Notizen und plant eure Mahlzeiten. Verdreifacht den Knoblauch (ich schreibe zwar Kochbücher, tue es aber *trotzdem*). Und warum versucht ihr anschließend nicht, eure kulinarischen Meisterwerke im Spiel nachzubasteln?

Seid kreativ!

Tara Theoharis

PS: Denkt ihr, ihr könnt mit diesem Buch den Fortschritt „Ausgewogene Ernährung“ ergattern? Falls ihr jedes einzelne dieser Rezepte ausprobiert, würde ich gern von euch hören!

UMRECHUNGSTABELLEN

VOLUMEN

USA	METRISCH
⅕ Teelöffel (TL)	1 ml
1 Teelöffel (TL)	5 ml
1 Esslöffel (EL)	15 ml
1 Flüssigunze	30 ml
⅕ Cup	50 ml
¼ Cup	60 ml
⅓ Cup	80 ml
3.4 Flüssigunze	100 ml
½ Cup	120 ml
⅔ Cup	160 ml
¾ Cup	180 ml
1 Cup	240 ml
1 Pint (2 Cups)	500 ml
1 Quart (4 Cups)	1 Liter

TEMPERATUREN

FAHRENHEIT	GRAD CELSIUS
200 °	95 °
212°	100 °
250°	120 °
275°	135 °
300°	150 °
325°	165 °
350°	180 °
400°	205 °
425°	220 °
450°	235 °
475°	245 °
500°	260 °

GEWICHT

USA	METRISCH
½ Unze	15 Gramm (g)
1 Unze	30 Gramm (g)
¼ Pfund	125 Gramm (g)
⅓ Pfund	170 Gramm (g)
½ Pfund	250 Gramm (g)
1 Pfund	500 Gramm (g)

LEBENSMITTELINFORMATIONEN

V = vegetarisch | V+ = vegan | LF = Laktosefrei | GF = glutenfrei

SNACKS UND APPETITHÄPPCHEN

Blumenwald-Salat	V			GF
Inventarbrot	V			
Röstgemüse	V			GF
Kartoffelbissen				GF
Hoglins und Lava				
Gebackenes Brot	V		LF	
Drachenatem	V	V+	LF	GF
Geschmolzene Goldklumpen	V			

HAUPTGERICHTE

Pilzfeld- „Steak“	V	V+	LF	GF
Nudelhöhlen	V			
Ebenen-Kebab			LF	GF
Hühnerreiter-Sandwich				
Wirrwald-Pizza	V			
Vergrabener-Schatz-Kuchen				
Köstlicher Fisch				GF
Seltsame Suppe	V	V+	LF	
Pilz-Burger				
Wüstenzombie-Tamales			LF	GF
Redstone-Staub-Mix	V	V+	LF	GF
„Räucherofen“-Rinderbrust			LF	
Ackerland-Smörgåstårta				

DESSERTS				
Netherportal-Brötchen	V			
Marshmallow-Wolken			LF	GF
Fackel-Shots	V			GF
Schlamm-Brownies	V			
Ton-Fudge-Blöcke	V			
Glasierte Keramikkekse	V			
Honigblock	V		LF	GF
Schafwolle	V	V+	LF	GF
Goldapfelkuchen	V			
Der Kuchen	V			
Zwei-Happen-Kürbiskuchen	V			
Schoko-Chunk-Kekse	V			
Magma-Cremetrüffel	V			GF
Feuerwerksstern-Kekse	V		LF	
Redstone-Brownie-Blöcke	V			
Aufbrechbare Erdblöcke	V			

GETRÄNKE				
Creeper-Putzer	V		LF	GF
Trank der Nachtsicht	V			GF
Überlebenslimo	V			GF
Schleimball-Tee	V	V+	LF	GF
Trank des Schildkrötenmeisters	V			GF
TNTee	V	V+	LF	GF
Chorusfrucht-Schorle	V	V+	LF	GF

KÜCHENGERÄTE

KASTENREIBE

Dient zum Zerkleinern von Lebensmitteln wie z. B. Käse oder um die Schale von Zitrusfrüchten zu reiben.

SIEB

Zum Abgießen von Flüssigkeiten, die durch kleine Löcher in die Schüssel darunter läuft.

TROCKENMESSBECHER

Hilft dabei, die grobe Menge von Zutaten wie z. B. Mehl zu bestimmen, ohne aufs Gramm genau abwiegen zu müssen.

BRATPFANNE

Nützlich zum Anbraten von Lebensmitteln und für den allgemeinen Kochgebrauch.

PÜRIERSTAB

Ein Küchenutensil, das man in der Hand hält, um damit Lebensmittel zu pürieren.

SCHÖPFLÖFFEL

Hilfreich beim Servieren von Eintopf oder *Seltsamer Suppe.*

MESSBECHER

Bestimmt die genaue Menge einer Flüssigkeit, indem man die Oberfläche der Flüssigkeit an den Markierungen auf dem Messbecher ausrichtet.

MESSLÖFFEL

Nützlich zum Abmessen kleinerer Zutatenmengen.

MULTIZERKLEINERER

Eine Maschine, die kleinere Mengen an Lebensmitteln und Zutaten zerkleinert.

NUDELHOLZ

Benötigt zum Abflachen oder Ausrollen von Teig.

GUMMISPATEL

Zum Unterheben von Zutaten oder um die Seiten von Schüsseln abzukratzen.

TOPF MIT DECKEL

Nützlich zum Kochen oder Schmoren von Lebensmitteln.

PFANNENWENDER

Zum Drehen oder Wenden von Speisen während des Kochvorgangs.

STANDMIXER

Mischt, schlägt oder quirlt Zutaten mit unterschiedlichen Geschwindigkeiten.

SCHNEEBESEN

Handwerkzeug, um Flüssigkeiten und Teige zu vermischen oder zu verquirlen.

DIAMANTSCHWERT

Wirksam gegen feindliche Mobs.

TIPPS ZUM ÜBERLEBEN IN DER KÜCHE

Um euer Kochabenteuer besonders erfolgreich zu machen, findet ihr hier einige Tipps, Tricks und Schlüsselbegriffe, die euch helfen, zu wahren Küchenmeisterinnen und -meistern zu werden!

BUTTER EINSCHNEIDEN

Legt das Schwert nieder – es geht dabei nicht um diese Art von Schneiden! Werdet ihr angewiesen, Butter in Mehl einzuschneiden, sollt ihr kleine Stücke kalte Butter zu einer Mehlmischung geben und diese Butter dann mit einem Teigmixer oder euren Händen in das Mehl einarbeiten, bis das Ganze schön krümelig ist. Macht ihr dies mit den Händen, empfehle ich, das Mehl und die Butterbrocken gleichzeitig aufzunehmen, zusammenzudrücken und die Butter zwischen euren Fingern zu reiben, um sie gleichmäßig im gesamten Mehl zu verteilen. Macht dann genauso weiter und verarbeitet eine Handvoll Butter und Mehl nach der anderen, bis sich alles zusammenfügt.

MIXER

Wenn ihr vorhabt, viel zu backen, wird ein elektrischer Standmixer dringend empfohlen. Viele der Rezepte in diesem Buch erfordern die Verwendung eines Mixers, doch falls ihr keinen habt, könnt ihr stattdessen auch jederzeit eure Hände nehmen. In diesem Fall dauert das Ganze allerdings um einiges länger – das ist, als würdet ihr mit euren Fingern Erz abbauen anstatt mit einer brandneuen Spitzhacke – doch zumindest hat die Sache den Vorteil, dass ihr so ordentlich Muckis entwickelt! Falls ihr darüber nachdenkt, euch einen Standmixer zuzulegen, empfehle ich, zusätzlich auch noch einen Schneebesen- und einen Knethakenaufsatz anzuschaffen.

BAIN-MARIE (WASSERBAD)

Dieses Wasserbad besteht aus zwei aufeinander gestapelten Töpfen oder einem Kochtopf mit einer Metallschüssel obendrauf. Im unteren Topf muss etwa ein Fingerbreit Wasser sein, während der zweite Topf bzw. die Schüssel nahtlos auf den unteren Topf passt (ohne dabei das Wasser darin zu berühren). Auf dem Herd beginnt das Wasser dann zu kochen. Dampf steigt auf und erwärmt die Unterseite des oberen Topfs. So könnt ihr Schokolade und andere empfindliche Zutaten schmelzen bzw. erwärmen, ohne Gefahr zu laufen, dass irgendwas anbrennt. Habt ihr kein Wasserbad oder etwas Ähnliches zur Hand, könnt ihr stattdessen eine Mikrowelle verwenden. Die Zutaten hierbei für dreißig Sekunden in die Mikrowelle geben, dann herausnehmen, gut durchrühren und das Ganze in 15-Sekunden-Intervallen wiederholen, bis die gewünschte Zutat geschmolzen ist.

INVENTAR SICHTEN

Es ist einfacher, etwas zu bauen, wenn ihr alles, was ihr dafür braucht, in eurem Inventar habt. Beim Kochen ist es genauso! Lest euch, bevor ihr loslegt, das Rezept vollständig durch und notiert euch die erforderlichen Schritte und die Zeitspanne, die die Zubereitung benötigt. Braucht ihr irgendwelche eher ungewöhnlichen Zutaten, die ihr erstmal beschaffen müsst, oder spezielle Werkzeuge, mit denen ihr nicht so vertraut seid? Legt euch vorher alles Nötige zurecht. Einige Zutaten müssen z. B. Zimmertemperatur haben, während andere gewürfelt oder fein gehackt werden müssen, bevor ihr anfangt.

UNTERHEBEN

Dies ist eine Methode, um empfindliche Zutaten und alles, das nicht zu stark gerührt werden sollte, vorsichtig miteinander zu vermischen. Werdet ihr aufgefordert, etwas „unterzuheben", legt die betreffende Zutat einfach in die Mixtur und häuft die Mischung langsam darüber, als würdet ihr ein Omelett umfalten. Wiederholt dies, bis alles gut vermengt ist.

NIEDERSCHLAGEN

Hier kommt euch eure ganze In-Game-Kampferfahrung zugute! Teig niederzuschlagen bedeutet, ihn nach dem Aufgehen auf eine bemehlte Oberfläche zu legen und mit ein paar sanften Schlägen (oder durch sehr leichtes Kneten) zu verdichten. Den Teig anschließend wenden und nach Anleitung in die gewünschte Form bringen.

EIER TRENNEN

Eierwerfen sollte sich am besten aufs Spiel beschränken. Für einige dieser Rezepte ist es aber erforderlich, Eier zu *trennen*. Dabei geht es nicht darum, ein Ei von einem anderen zu trennen. Vielmehr bedeutet der Begriff, dass ihr das Eigelb vom Eiweiß trennen müsst. Und das geht so: Über einer Schüssel vorsichtig ein Ei in der Mitte aufbrechen und die obere Hälfte der Schale abheben. Das Eigelb dann behutsam von einer Eierschalenhälfte in die andere gleiten lassen und das Eiweiß dabei nach und nach in die darunter stehende Schale fließen lassen. Macht das so lange, bis nur noch das Eigelb in der Eierschale ist, und gebt es dann in eine separate Schüssel.

THERMOMETER

Bei einigen Rezepten müsst ihr die Temperatur im Auge behalten – das ist vor allem bei der Herstellung von Süßigkeiten (wie z. B. bei Marshmallow-Wolken, Schafwolle und Honigblöcken) immens wichtig, aber auch hilfreich beim Garen unterschiedlicher Fleischstücke. In eurem Kücheninventar sollten sich daher unbedingt ein Zucker- und ein Fleischthermometer befinden! Beide Thermometer sind leicht zu bekommen und recht preiswert.

SNACKS UND APPETITHÄPPCHEN

BLUMENWALD-SALAT

Wenn ihr das nächste Mal einen Blumenwald erkundet, stellt euch vor, wie es wohl wäre, stehen zu bleiben, an diesen Blumen zu riechen ... und sie dann für einen köstlichen Salat zu pflücken. Bei diesem leichten, farbenfrohen Gericht kommt Honig zum Einsatz – noch etwas, das es im Blumenwald in Hülle und Fülle gibt –, um eine köstliche Vinaigrette zu kreieren.

SCHWIERIGKEITSGRAD: EINFACH

SPIELERTYP: Entdecker | VORBEREITUNG: 5 Min. | GARZEIT: Keine
ERGIBT: 4 kleine Salate | HINWEISE: Vegetarisch, vegan, glutenfrei
SPEZIALWERKZEUGE: Keine

ZUTATEN

HONIG-VINAIGRETTE:

1 EL Honig

1 EL Dijon-Senf

2 EL Olivenöl

1 EL Zitronensaft

1 Prise Salz und Pfeffer

SALAT:

150 g Salatmischung

3 Radieschen, in dünne Scheiben geschnitten

1/2 Honeycrisp-Apfel, in dünne Scheiben geschnitten

65 g Walnüsse

60 g geriebener Parmesan

15 g essbare Blüten, abgespült

ZUBEREITUNG

1. Die Honig-Vinaigrette zubereiten: Den Honig, den Senf, das Olivenöl und den Zitronensaft zusammen mit dem Salz und dem Pfeffer in eine kleine Schüssel geben. Für 20 Sekunden bzw. so lange verquirlen,, bis sich alles miteinander verbunden hat. Beiseitestellen.

2. Die Salatmischung, die Radieschen, den Apfel, die Walnüsse, den Parmesan und die Hälfte der essbaren Blüten in eine große Schüssel geben. Die Honig-Vinaigrette hinzufügen und so lange behutsam vermischen, bis alles gleichmäßig mit der Vinaigrette überzogen ist.

3. Mit den übrigen essbaren Blüten garnieren und servieren.

ANMERKUNG DES ENTDECKERS:
Obwohl essbare Blüten in den meisten gut sortierten Lebensmittelgeschäften zu finden sind, könnt ihr auch selbst welche pflücken! Achtet aber darauf, dass die ausgewählten Blüten frei von Pestiziden sind (und nicht „zufällig" im Garten eines Dorfbewohners wachsen). Spült die Blüten kurz mit kaltem Wasser ab und lasst sie vor der Verwendung auf einem Stück Küchenpapier trocknen. Hier ein paar leckere Optionen essbarer Blüten:

- Nelken
- Chrysanthemen
- Löwenzahn
- Gänseblümchen
- Duftgeranien
- Japanisches Geißblatt
- Jasmin
- Lavendel
- Flieder
- Ringelblumen
- Stiefmütterchen
- Rotklee
- Rosen
- Sonnenblumen

INVENTARBROT

Egal, ob ihr eine einfache Hütte oder ein mehrstöckiges Anwesen baut, es ist stets ratsam, einen großen Vorrat an Blöcken zur Hand zu haben. Schließlich will man nicht weit von zu Hause entfernt gezwungen sein, weitere Blöcke abzubauen, wenn die Sonne untergeht! Dieses Rezept greift das Konzept des Affenbrots (ein köstliches Partybrot) auf und verwandelt es in eine Ansammlung farbenfroher essbarer *Minecraft*-Blöcke – als Erinnerung daran, welch großartige Dinge sich aus den bescheidensten Komponenten erschaffen lassen. Wählt aus den verfügbaren Möglichkeiten eure Lieblingsblöcke aus und stellt sie frei zusammen, um sie schließlich entweder kreativ anzuordnen, in Mustern zu arrangieren oder einfach übereinanderzustapeln, damit eure Gäste sie genießen können!

SCHWIERIGKEITSGRAD: NORMAL

SPIELERTYP: Baumeister   VORBEREITUNG: 2 h   BACKZEIT: 30 Min.

ERGIBT: 32 Blöcke   HINWEISE: Vegetarisch

SPEZIALWERKZEUGE: Mixer mit Teighakenaufsatz; große quadratische Backform (ca. 20 x 20 cm); Pizzaschneider

ZUTATEN

TEIG:

2¼ TL aktive Trockenhefe

350 ml warmes Wasser

450 g Weizenmehl Type 550

2 EL gesalzene Butter, geschmolzen

1 EL Salz

GARNIERUNGEN:

110 g gesalzene Butter, geschmolzen

Verschiedene Garnierungen, (wie abgebildet)

ZUBEREITUNG

1. In der Schüssel eines Standmixers mit Knethakenaufsatz die Hefe und 60 ml warmes Wasser vermischen. 10 Minuten stehen lassen bzw. so lange, bis das Ganze schaumig ist.

2. Das übrige Wasser, das Mehl, die Butter und das Salz mit in die Schüssel geben. Mit einem Knethaken zuerst langsam durchmischen, bis das Mehl eingearbeitet ist, dann mit mittlerer Geschwindigkeit weitermachen. 5 Minuten mischen bzw. so lange, bis ein klebriger Teig entsteht. Solltet ihr keinen Mixer haben, verarbeitet den Teig mit den Händen und knetet ihn dann 5 Minuten lang auf einer bemehlten Arbeitsfläche durch.

3. Den Teig in eine große eingeölte Schüssel geben und mit einem feuchten Geschirrtuch abdecken. An einem warmen Ort eine Stunde ruhen lassen bzw. so lange, bis der Teig doppelt so groß ist wie zuvor.

4. Während ihr darauf wartet, dass der Teig aufgeht, die übrigen Zutaten vorbereiten. Die Würzmischung für jeden Block auf einen separaten flachen Teller geben.

* Fortsetzung auf nächster Seite

5. Den Teig auf eine bemehlte Arbeitsfläche geben, niederschlagen und mit einem scharfen Messer oder einem Pizzaschneider in 32 separate Würfel teilen.

6. Jeden Würfel (mit Ausnahme der Lava- und der bemoosten Bruchstein-Variante) in die geschmolzene Butter tauchen und dann in den Gewürzen eurer Wahl rollen, um die gewünschten Blockarten herzustellen. Die Würfel anschließend in eine eingefettete quadratische Backform (ca. 20 x 20 cm) legen, sodass die Blöcke leicht übereinandergestapelt sind. Die Backform mit Frischhaltefolie abdecken und 30 Minuten ruhen lassen bzw. so lange, bis der Teig doppelt so groß ist wie zuvor.

7. Während ihr darauf wartet, dass der Teig aufgeht, den Backofen auf 205 °C vorheizen. Ist der Teig aufgegangen, 30 Minuten im Ofen backen bzw. so lange, bis das Brot goldbraun ist.

8. Die Backform aus dem Ofen nehmen und 5 Minuten abkühlen lassen.

9. Mit einem Spatel oder einem Brotmesser an den Innenseiten der Backform entlangfahren, um das Brot davon zu lösen, und herausnehmen. Mit der Oberseite nach oben servieren. Die einzelnen Würfel kleben zwar in einem größeren Block zusammen, können aber problemlos auseinandergezupft werden.

ANMERKUNG DES BAUMEISTERS:

Verwendet folgende Gewürze, um einige eurer liebsten *Minecraft*-Blöcke herzustellen:

- Birkenholzbrett: Geriebener Mozzarella
- Steinkohle: Mohnsaat
- Leuchtstein: Fein gehackter Knoblauch
- Gras: Rosmarin
- Lava: Tomatensoße (taucht diese Würfel nicht in Butter – dippt sie einfach in die Tomatensoße)
- Bemooster Bruchstein: Pesto (taucht diese Würfel nicht in Butter – dippt sie einfach in das Pesto)
- Eichenholzbrett: Geriebener Cheddar
- Roter Sandstein: Paprikapulver
- Sandsteinw: Sesamsamen
- Wolle: Geriebener Parmesan

RÖSTGEMÜSE

Was könnte nach einem langen Tag Gartenarbeit befriedigender sein, als es sich zu Hause bequem zu machen und eine köstliche Mahlzeit aus geröstetem Gemüse zu genießen? Gartenkräuter verleihen den Karotten und Rüben in diesem Rezept Komplexität, während etwas Honig von euren fleißigen Bienchen (oder aus dem Supermarkt) die natürliche Süße des Gemüses noch weiter verstärkt.

SCHWIERIGKEITSGRAD: EINFACH

SPIELERTYP: Versorger | VORBEREITUNG: 10 Min. | GARZEIT: 25 Min.

ERGIBT: 4 Portionen | HINWEISE: Vegetarisch, glutenfrei | SPEZIALWERKZEUGE: Keine

ZUTATEN

4 Rote Bete

4 große Karotten

3 EL Olivenöl

½ TL Salz

½ TL schwarzer Pfeffer

½ EL getrockneter Rosmarin

½ EL getrockneter Thymian

2 EL Butter, geschmolzen

3 EL Honig

ZUBEREITUNG

1. Den Backofen auf 220 °C vorheizen.
2. Die Rote Bete und die Karotten waschen und schälen, dann in ca. 6 cm dicke Scheiben schneiden. Die Bete-Scheiben vierteln, um die Stücke ein bisschen handlicher und ihre Größe einheitlicher zu gestalten.
3. Die Bete und die Karotten zusammen mit dem Olivenöl, dem Salz, dem Pfeffer, dem Rosmarin und dem Thymian in eine große Schüssel geben, vermengen und dann gleichmäßig auf einem Backblech verteilen.
4. Für 20 Minuten im Ofen garen bzw. bis das Gemüse sich mühelos mit einer Gabel durchstechen lässt.
5. In einer kleinen Schüssel die geschmolzene Butter und den Honig vermischen und gleichmäßig über das Röstgemüse gießen. Das Gemüse vorsichtig durchmischen, um es ringsum mit der Honigbutter zu überziehen, und nochmals für 5 Minuten in den Ofen geben.

ANMERKUNG DES VERSORGERS:
Wollt ihre eure Kartoffeln „giftig“ machen, in Wahrheit aber noch mehr Nährstoffe hinzufügen? Dann verleiht euren Ofenkartoffeln ihren charakteristischen grünen Look, indem ihr den Speck durch gegarten, fein gehackten Brokkoli ersetzt!

KARTOFFELBISSEN

Ofenkartoffeln sind in *Minecraft* sowas wie ein Grundnahrungsmittel, aber diese Version ist ein perfekter Imbiss für Zwischendurch in der realen Welt. Durch das zweifache Backen schrumpfen die ohnehin schon zierlichen roten Kartoffeln so weit zusammen, dass nan sie großartig einfach so wegsnacken kann.

SCHWIERIGKEITSGRAD: NORMAL

SPIELERTYP: Versorger · VORBEREITUNG: 20 Min. · GARZEIT: 30 Min.

ERGIBT: 12 Stück · HINWEISE: Glutenfrei · SPEZIALWERKZEUGE: Keine

ZUTATEN

12 rote Kartoffeln

2 EL Olivenöl

½ TL gesalzene Butter, geschmolzen

55 g Cheddar, gerieben

100 g Sauerrahm

40 g Speck (ca. 3 Streifen Frühstücksspeck, angebraten und zerbröckelt)

2 EL frischer Schnittlauch, gehackt

¼ EL schwarzer Pfeffer

Zusätzlicher geriebener Cheddar, als Garnitur

Zusätzlicher frischer gehackter Schnittlauch, als Garnitur

ZUBEREITUNG

1. Den Backofen auf 190 °C vorheizen.
2. Die Kartoffeln putzen und zusammen mit dem Olivenöl und 1/4 TL Salz in eine große Schüssel geben. Durchmischen, bis die Kartoffeln gleichmäßig mit dem Öl überzogen sind.
3. Die Kartoffeln auf ein Backblech legen und 25 bis 30 Minuten im vorgeheizten Ofen garen bzw. so lange, bis sie so weich sind, dass man sie mit einem Messer leicht einstechen kann. Dann aus dem Ofen nehmen und 15 Minuten abkühlen lassen.
4. Die Kartoffeln so auf der Arbeitsfläche platzieren, dass sie auf der breitesten Seite stehen, und die Oberseite jeder Kartoffel abschneiden. Mit einem kleinen Löffel oder einem Kugelausstecher behutsam das Innere der Kartoffeln aushöhlen; dabei darauf achten, dass die Schale unbeschädigt und noch etwas Kartoffel an den Rändern übrig bleibt.
5. Die Kartoffelfüllung zusammen mit der geschmolzenen Butter in eine große Schüssel geben und so lange stampfen, bis das Ganze schön glatt und geschmeidig ist. (Dabei darauf achten, es mit dem Stampfen nicht zu übertreiben, da die Kartoffeln sonst klebrig werden.) Den Cheddar, den Sauerrahm, den Speck, den Schnittlauch, den Pfeffer und 1/4 TL Salz hinzufügen und die Füllung sorgsam durchmischen.
6. Die Mischung mit einem Löffel in die ausgehöhlten Kartoffeln füllen; dabei ruhig ein bisschen zu viel hineingeben, sodass die Füllung etwas über die Kartoffel hinausragt. Dann mit geriebenem Käse bestreuen.
7. Die Kartoffeln nochmals für fünf Minuten in den Ofen geben bzw. so lange, bis die Oberseiten leicht gebräunt sind und der Käse geschmolzen ist.
8. Etwas zusätzlichen frischen Schnittlauch oben auf die Kartoffeln streuen und sofort servieren.

HOGLINS UND LAVA

Wart ihr je so hungrig, dass ihr bereit gewesen wärt, einen Hoglin zu verspeisen? Klar, ihr könntet einen von ihnen in die Lava stoßen, um an ein paar gebratene Schweinekoteletts zu kommen. Aber diese Würstchen-im-Blätterteig-„Herden“ sind im wahren Leben einfach viel befriedigender … und lassen sich auch leichter mit anderen teilen! Bestreut sie mit Mohn als „Haarersatz“ und dippt sie in diese von klassischer US-amerikanischer Buffalo-Soße inspirierte „Lava“, damit euch im Nether nie wieder der Magen knurrt!

SCHWIERIGKEITSGRAD: EINFACH

SPIELERTYP: Kämpfer
VORBEREITUNG: 10 Min.
GARZEIT: 20 Min.
ERGIBT: 24 Stück
HINWEISE: Keine
SPEZIALWERKZEUGE: Pizzaschneider

ZUTATEN

HOGLINS:

2 EL Mehl

1 Lage TK-Blätterteigblatt, aufgetaut

24 Mini-Cocktailwürstchen

1 Ei

1 EL Wasser

Mohn, als Garnitur

LAVA-DIP:

200 g scharfe Pfeffersoße

110 g ungesalzene Butter

2 EL Weißweinessig

½ TL Worcestershiresauce

½ TL Cayennepfeffer

½ TL Knoblauchpulver

½ TL Paprikapulver

1 EL Maisstärke

1 EL Wasser

ZUBEREITUNG

1. Den Backofen auf 220 °C vorheizen und ein Backblech mit Backpapier auslegen. Beiseitestellen.

2. Die Arbeitsfläche mit Mehl bestreuen und die aufgetaute Blätterteiglage darauf zu einem ca. 25 x 35 cm großen Rechteck ausrollen.

3. Den Blätterteig mit einem scharfen Messer oder einem Pizzaschneider in 24 gleichgroße Rechtecke schneiden. Jeweils ein Würstchen am unteren, länglichen Ende jedes Blätterteigrechtecks platzieren und das Würstchen mit dem Teig umwickeln. Die „Naht“ mit den Fingern zusammendrücken, um sie zu verschließen.

4. Das Ei und das Wasser miteinander verquirlen und die Oberseite jedes Würstchens im Blätterteig damit bestreichen. Eine schmale Linie Mohnsaat auf die Mitte jedes Würstchens streuen.

5. 20 bis 25 Minuten backen bzw. so lange, bis der Teig blättrig und goldbraun ist.

6. Während die Würstchen im Blätterteig backen, den Lava-Dip zubereiten: In einem Topf bei mittlerer Hitze die Pfeffersoße, die Butter, den Essig, die Worcestershiresauce, den Cayennepfeffer, das Knoblauchpulver und das Paprikapulver vermengen und beständig verquirlen, bis das Ganze zu kochen beginnt (ca. 3 Minuten). Dann die Maisstärke und das Wasser in einer kleinen Schüssel vermischen und mit in den Topf geben. Die Hitze auf niedrig reduzieren, den Deckel auflegen und 5 Minuten köcheln lassen bzw. so lange, bis die Soße merklich eingedickt ist.

7. Durchrühren, vom Herd nehmen und vor dem Servieren 5 Minuten abkühlen lassen.

8. Sobald die Hoglins fertig gebacken sind, auf einen Teller legen und zusammen mit einer kleinen Schüssel Lava-Dip servieren.

GEBACKENES BROT

Falls ihr die schon etwas in die Jahre gekommene Auszeichnung „Bäcker"-Erfolg seinerzeit verpasst habt, ist dies eure Chance, ihn euch im wahren Leben zu verdienen: Backt dieses vom klassischen Brot aus dem Spiel inspirierte, wundervolle französische Weißbrot! Anstelle der drei Weizen, die in *Minecraft* hierfür erforderlich sind, verwenden wir jedoch Mehl, damit das Brot möglichst leicht und fluffig wird.

SCHWIERIGKEITSGRAD: NORMAL

SPIELERTYP: Fortschrittsjäger
VORBEREITUNG: 1 h, 45 Min.
BACKZEIT: 30 Min.
ERGIBT: 1 Laib
HINWEISE: Vegetarisch, laktosefrei
SPEZIALWERKZEUGE: Mixer mit Teighakenaufsatz; Nudelholz

ZUTATEN

240 ml warmes Wasser

½ EL aktive Trockenhefe

1½ TL Zucker

1½ TL Salz

390 g Weizenmehl Type 550

1 Eiweiß

1 TL Wasser

ZUBEREITUNG

1. In der Schüssel eines Standmixers mit Knethakenaufsatz das Wasser, die Hefe und den Zucker vermischen. 5 Minuten ruhen lassen bzw. so lange, bis das Ganze anfängt zu schäumen.

2. Das Salz und 130 g Mehl hinzufügen und auf niedriger Stufe 30 Sekunden durcharbeiten. Dann nach und nach das übrige Mehl dazugeben (jeweils eine kleinere Menge von ca. 60 g) und kontinuierlich vermixen. Die Geschwindigkeit schließlich für eine Minute auf mittel steigern bzw. so lange, bis der Teig sich zusammenfügt. Der Teig soll schön glatt sein – sollte er zu klebrig sein, noch etwas mehr Mehl hinzufügen und einarbeiten.

3. Den Teig in eine eingeölte Schüssel geben, mit einem Geschirrtuch abdecken und eine Stunde aufgehen lassen bzw. so lange, bis der Teig doppelt so groß ist wie zuvor.

4. Den Teig auf eine bemehlte Arbeitsfläche geben und niederschlagen. Mit einem Nudelholz zu einem Rechteck von ca. 40 x 20 cm ausrollen.

5. Den Teig von der Längsseite her fest zu einem Zylinder zusammenrollen. Die Enden nach innen umfalten und die „Naht" zusammendrücken, um sie zu verschließen.

6. Den Brotlaib mit der „Naht" nach unten auf ein mit Backpapier ausgelegtes Backblech legen. In einer kleinen Schüssel das Eiweiß mit 1 TL Wasser verquirlen und die Oberseite des Laibs damit bestreichen. Außerdem zwei flache horizontale Schnitte oben in das Brot machen.

7. Den Brotlaib locker mit einem Geschirrtuch abdecken und 30 Minuten gehen lassen. Unterdessen den Backofen auf 190 °C vorheizen.

8. Das Brot ca. 20 bis 25 Minuten backen bzw. so lange, bis die Oberseite des Laibs goldbraun ist und es hohl klingt, wenn man darauf klopft. In Scheiben schneiden, mit etwas Butter bestreichen und warm genießen.

DRACHENATEM

Gewiss, der Atem des Enderdrachen riecht so übel, dass er als Angriff verwendet wird, und ist so stark, dass man einen Trank daraus brauen kann. Aber habt ihr schon mal daran gedacht, dass der Drache vielleicht einfach eine Vorliebe für Knoblauch und Zwiebeln hat? Dieses Rezept ist ein deutlich ungefährlicherer Weg, um euren ureigenen Drachenatem in einem Glas einzufangen! Der Lohn eurer Mühen ist ein Trank, dessen Wirkung wahrlich von Dauer ist – auf gute Art und Weise. Tatsächlich handelt es sich hierbei um ein extrem vielseitiges Gewürz, mit dem sich Salat, Fleisch, Gemüse und Brot im Handumdrehen aufpeppen lassen!

SCHWIERIGKEITSGRAD: EINFACH

SPIELERTYP: Kämpfer
VORBEREITUNG: 1 h
GARZEIT: 1 Min.
ERGIBT: ca. 300 g
HINWEISE: Vegetarisch, vegan, laktosefrei, glutenfrei
SPEZIALWERKZEUGE: Keine

ZUTATEN

60 ml Rotweinessig

1 EL Zucker

¾ TL Salz

¼ rote Zwiebel, in dünne Scheiben geschnitten

80 ml natives Olivenöl extra

Saft einer kleinen Zitrone (ca. 60 ml)

10 Knoblauchzehen

¼ TL rote Chiliflocken

¼ TL schwarzer Pfeffer

ZUBEREITUNG

1. In einem kleinen Topf bei mittlerer Hitze den Essig, den Zucker und das Salz vermischen und zum Kochen bringen. So lange umrühren, bis sich der Zucker und das Salz vollständig aufgelöst haben (ca. 1 Minute).
2. Den Topf vom Herd nehmen und die Zwiebeln hineingeben. Dann für eine Stunde beiseitestellen, um die Zwiebeln zu beizen.
3. Das Olivenöl, den Zitronensaft, die Knoblauchzehen, die Chiliflocken und den schwarzen Pfeffer in ein Einmachglas geben und die eingelegten Zwiebeln und den Essig hinzufügen. Das Glas sorgsam verschließen und 20 Sekunden schütteln bzw. so lange, bis sich alles gut miteinander verbunden hat. Im Kühlschrank lagern und vor Gebrauch noch mal kurz schütteln.

ANMERKUNG DES KÄMPFERS:
Sobald ihr euren Drachenatem zubereitet habt, könnt ihr ihn auf vielerlei geschmackvolle Arten einsetzen, z. B. als:

- Salatdressing
- Marinade für Fleisch
- Marinade für Gemüse oder Kartoffeln
- oder um Brotscheiben vorm Grillen damit einzupinseln

GESCHMOLZENE GOLDKLUMPEN

Echtes Gold ist großartig, ganz gleich, ob im Spiel oder im wahren Leben. Aber kann man Gold mit paniertem, geschmolzenem Käse vergleichen? Absolut nicht! Nutzt die Zeit, die euer Ofen im Spiel damit beschäftigt ist, Gold einzuschmelzen, um einen Schwung dieser Nuggets zuzubereiten. Ihr werdet feststellen, sie sind ihr Gewicht in … Naja vielleicht nicht in Gold, aber auf jeden Fall in Käse wert!

SCHWIERIGKEITSGRAD: EINFACH

SPIELERTYP: Erfinder VORBEREITUNG: 5 Min. GARZEIT: 5 Min.
ERGIBT: ca. 500 g Bällchen HINWEISE: Vegetarisch
SPEZIALWERKZEUGE: Küchenthermometer

ZUTATEN

500 ml Pflanzenöl bzw. genug, damit ein Frischkäsebällchen im Topf vollständig darin eingetaucht ist

130 g Mehl Type 550

1 TL Backpulver

1 TL Salz

½ TL schwarzer Pfeffer

½ TL Knoblauchpulver

200 ml Buttermilch

1 Ei

500 g Käsebruch

ZUBEREITUNG

1. In einem großen Kochtopf oder Schmortopf bei hoher Hitze das Öl auf 190 °C erwärmen. Die Hitze dann auf mittel reduzieren und die Öltemperatur überwachen, um die konstant bei 190 °C zu halten.

2. In einer großen Schüssel das Mehl, das Backpulver, das Salz, den Pfeffer und das Knoblauchpulver vermischen, dann die Buttermilch und das Ei hinzufügen. Verquirlen, bis alles vollständig vermengt ist.

3. Den Käsebruch in die Teigmischung geben und durchmischen, bis die Käsestücke vollends mit Teig überzogen sind. Dann mit einem Schaumlöffel herausnehmen.

4. Jeweils 8 bis 10 Käsestücke in das heiße Öl geben; dabei darauf achten, dass es im Topf nicht zu eng wird.

5. Eine Minute frittieren. Nach der Hälfte der Zeit wenden, dann aus dem Topf nehmen und zum Abtropfen und Abkühlen auf einen mit Küchenpapier ausgelegten Teller geben.

6. Das Öl wieder auf 190 °C erwärmen und den nächsten Schwung „Goldklumpen“ frittieren. Dies mit den übrigen Käsestücken wiederholen.

HAUPTGERICHTE

PILZFELD-„STEAK“

Eure erste Reaktion, wenn ihr im Spiel auf diese riesigen Pilze stoßt, ist wahrscheinlich nicht: „Die will ich essen!“ Doch das ist ein Fehler. Denn diese großen herzhaften Pilze sind genauso lecker, wie ein saftiges Steak – und um einiges gesünder! Bereitet dieses Gericht für all die Fleischliebhaber unter euren Liebsten zu und seid versichert, dass sie noch jahrelang von euren Kochkünsten schwärmen werden!

SCHWIERIGKEITSGRAD: EINFACH

SPIELERTYP: Entdecker | VORBEREITUNG: 15 Min. | GARZEIT: 8 Min.

ERGIBT: 4 Pilz-„Steaks“ | HINWEISE: Vegetarisch, vegan, laktosefrei, glutenfrei

SPEZIALWERKZEUGE: Keine

ZUTATEN

4 große Champignons, am besten Portobello-Champignons

60 ml Olivenöl

3 EL Balsamico-Essig

1 EL Worcestershiresauce (vegan)

1/2 EL Salz

1/2 EL schwarzer Pfeffer

2 TL Knoblauchpulver

1 TL Zwiebelpulver

½ TL geräuchertes Paprikapulver

ZUBEREITUNG

1. Die Pilze entstielen und mit einer Zahnbürste oder einem leicht angefeuchteten Papiertuch putzen.

2. In einer großen, flachen Auflaufform das Olivenöl, den Balsamico-Essig, die Worcestershiresauce und die Gewürze miteinander vermischen. Die Pilze mit der Marinade einpinseln und zehn Minuten marinieren; dabei nach der Hälfte der Zeit wenden. (Falls nicht alle Champignons gleichzeitig in die Form passen, mariniert erst zwei der Pilze und die restlichen dann, wenn ihr die anderen gart.)

3. Bei mittlerer Hitze eine Grillpfanne oder eine Bratpfanne erwärmen und mit Öl einpinseln. Die Pilze dann jeweils drei bis vier Minuten pro Seite anbraten bzw. so lange, bis sie gebräunt und schön weich sind und Grillspuren aufweisen (falls ihr eine Grillpfanne verwendet).

NUDELHÖHLEN

Wohl die wenigsten würden denken, dass eine Höhlenerkundung einen Heißhunger auf Pasta auslösen kann. Aber genau das kommt dabei raus, wenn man wie in *Minecraft* Höhlenarten nach Käse, Spaghetti und Nudeln benennt. Bucatini-Pasta bilden die perfekte längliche Höhle für diese Variante von Cacio e Pepe, einem klassischen italienischen Nudelgericht. Und genau, wie ein umsichtiger Höhlenforscher, könnt ihr die einfache, aber köstliche Mischung von Käse und Pfeffer als Ausgangspunkt für eure künftigen kulinarischen Erkundungen nutzen!

SCHWIERIGKEITSGRAD: NORMAL

SPIELERTYP: Entdecker | VORBEREITUNG: 5 Min. | GARZEIT: 15 Min.

ERGIBT: 4 bis 6 Portionen | HINWEISE: Vegetarisch | SPEZIALWERKZEUGE: Keine

ZUTATEN

450 g Bucatini (röhrenförmige Nudeln)

55 g gesalzene Butter

2 TL schwarzer Pfeffer, frisch gemahlen

250 ml aufgefangenes Nudelwasser

110 g Pecorino, frisch gerieben

230 g Parmesan, frisch gerieben

ZUBEREITUNG

1. Einen großen Topf Salzwasser zum Kochen bringen. Die Bucatini hineingeben und gemäß Packungsanleitung al dente – also bissfest – kochen (ca. 9 Minuten).

2. Während die Bucatini kochen, mit der Zubereitung der Cacio-e-Pepe-Soße beginnen: In einem großen Topf bei mittlerer Hitze die Butter schmelzen, den schwarzen Pfeffer dazugeben und eine Minute lang anrösten.

3. Sobald die Bucatini gar sind, die Nudeln nicht abtropfen, sondern einfach den Topf vom Herd nehmen. 250 ml des Nudelwassers abnehmen und jeweils die Hälfte des Pecorino- und des Parmesans hinzufügen. Sorgsam durchrühren, bis die Soße schön geschmeidig ist. Die Temperatur auf niedrig reduzieren.

4. Die gekochten Nudeln mit einer Küchenzange aus dem Topf in die Soße geben und alles gründlich schwenken, um die Pasta mit der Soße zu überziehen. Dann den übrigen Pecorino und den restlichen Parmesan hinzufügen. Die Nudeln weiter durchmischen, bis sie gleichmäßig von Soße umhüllt sind.

5. Die Pasta anrichten und zum Servieren mit zusätzlichem schwarzem Pfeffer und Parmesan garnieren.

ANMERKUNG DES ENTDECKERS:
Wollt ihr eure Nudelhöhlen so wie auf dem Bild ein bisschen „grüner" gestalten? Dann werft, kurz nachdem ihr die Pasta hineingegeben habt, ein paar Handvoll Spinat oder Rucola mit in die Pfanne und sautiert das Ganze für 30 Sekunden bzw. so lange, bis das Grünzeug zu welken beginnt. Dann den übrigen Käse hinzufügen und so zu Ende kochen, wie oben beschrieben.

EBENEN-KEBAB

Bei so vielen verschiedenen Speisen, wie es sie in *Minecraft* gibt, wie entscheidet ihr da, was ihr zubereitet? Spoiler: Das müsst ihr gar nicht! Genießt einfach die kulinarische Fülle der Ebenen mit diesen Kebabs aus Huhn, Schwein, Rind und Gemüse! Bereitet dieses Gericht im Spiel über dem Lagerfeuer zu oder bratet im wahren Leben einen ordentlichen Schwung, um all eure Freunde zu einem epischen Barbecue einzuladen!

SCHWIERIGKEITSGRAD: NORMAL

SPIELERTYP: Versorger VORBEREITUNG: 1 h, 30 Min. GARZEIT: 10 bis 15 Min.

ERGIBT: 10 Spieße HINWEISE: laktosefrei, glutenfrei

SPEZIALWERKZEUGE: 10 Spieße (bei Verwendung von Holzspießen vorher mindestens 30 Min. in Wasser einweichen)

ZUTATEN

240 ml Olivenöl

Saft von 2 kleinen Zitronen (ca. 120 ml)

2 TL Knoblauchpulver

2 TL Oregano

1 TL Salz

½ TL schwarzer Pfeffer

1 Prise rote Chiliflocken

500 g Schweinefilet, in 5 cm große Würfel geschnitten

500 g Hähnchenbrüste, ohne Haut und Knochen, in 5 cm große Würfel geschnitten

500 g Rinderfilet, in 5 cm große Würfel geschnitten

1 rote Zwiebel, in Spalten geschnitten

1 rote Paprika, in Spalten geschnitten

1 gelbe Paprika, in Spalten geschnitten

12 weiße Champignons

ZUBEREITUNG

1. Das Olivenöl, den Zitronensaft, das Knoblauchpulver, den Oregano, das Salz, den Pfeffer und die Chiliflocken in einen großen, verschließbaren Frischhaltebeutel geben und zwanzig Sekunden gut durchschütteln bzw. so lange, bis sich alles miteinander verbunden hat.

2. Das Fleisch zu der Marinade in den Beutel geben und mindestens eine Stunde, am besten aber über Nacht im Kühlschrank marinieren lassen.

3. Einen Grill oder den Ofengrill auf mittlerer Hitze vorheizen.

4. Das Fleisch und das Gemüse abwechselnd so auf die Spieße stecken, dass die Mischung auf jedem Spieß möglichst vielseitig ist. Nach Belieben salzen und pfeffern.

5. Die Spieße für 10 bis 15 Minuten grillen; dabei alle paar Minuten wenden und mit weiterer Marinade bestreichen. Die Spieße sind fertig, wenn das Fleisch ganz durchgebraten ist und leichte Röstspuren aufweist.

ANMERKUNG DES VERSORGERS:
Bevorzugt ihr euer Rindfleisch ein bisschen weniger durch? Dann platziert jede Fleischsorte auf einem eigenen Spieß, sodass ihr den Gargrad an eure eigenen Vorlieben anpassen könnt.

HÜHNERREITER-SANDWICH

Dies ist ein großartiges Hühnchen-Sandwich mit Pesto und Speck, inspiriert von dem seltenen und dafür umso unvergesslicheren Anblick eines zombifizierten Piglins, der auf einem Huhn reitet. Wenn ihr alles fertig angerichtet habt, tretet einen Schritt zurück, und ihr werdet die Ähnlichkeit erkennen. Oder schließt einfach die Augen und grabt eure Zähne in eure neue Leibspeise. Aber gebt mir nicht die Schuld, wenn der nächste Hühnerreiter, auf den ihr im Spiel stoßt, euch das Wasser im Munde zusammenlaufen lässt!

SCHWIERIGKEITSGRAD: NORMAL

SPIELERTYP: Kämpfer
VORBEREITUNG: 5 Min.
GARZEIT: 12 Min.
ERGIBT: 2 Sandwiches
HINWEISE: Keine
SPEZIALWERKZEUGE: Fleischklopfer

ZUTATEN

4 Scheiben dick geschnittener Speck

1 Hähnchenbrust, ohne Haut und Knochen

¼ TL Salz

¼ TL Pfeffer

2 Scheiben Provolone

2 Brioche-Brötchen, aufgeschnitten

2 EL Mayonnaise

2 EL Pesto

2 Tomatenscheiben

2 Salatblätter

ZUBEREITUNG

1. Die Speckscheiben in einer großen Pfanne bei mittlerer Hitze von jeder Seite drei Minuten anbraten bzw. so lange, bis der Speck knusprig ist. Den Speck herausnehmen und zum Abtropfen auf einen mit Küchenpapier ausgelegten Teller legen. Das ausgelassene Fett in der Pfanne belassen.

2. Die Hähnchenbrust der Länge nach halbieren, mit Backpapier abdecken und mit einem Fleischklopfer (oder einem anderen schweren, stumpfen Gegenstand wie z. B. einem Nudelholz) behutsam zu einer Dicke von ca. 1,5 cm flachklopfen. Die Hähnchenbruststücke dann von beiden Seiten salzen und pfeffern und bei mittlerer Hitze in die Pfanne legen. Von jeder Seite ca. 3 bis 4 Minuten anbraten bzw. so lange, bis das Fleisch durchgegart ist. (Das Hühnchenfleisch sollte sich fest anfühlen und eine Kerntemperatur von 74 °C besitzen.)

3. In der letzten Garminute eine Scheibe Provolone auf jedes Hähnchenbruststück geben und schmelzen lassen.

4. Die Brioche-Brötchen toasten, waagerecht halbieren und jeweils mit etwas Mayonnaise bestreichen.

5. Jeweils ein Stück Hühnchen auf die unteren Brötchenhälften legen und eine Schicht Pesto auf dem geschmolzenen Käse verteilen.

6. Jeweils mit zwei Scheiben gebratenem Speck garnieren, mit Tomatenscheiben und Salat belegen und mit der oberen Brötchenhälfte abschließen.

WIRRWALD-PIZZA

Tankt neue Energie für euren nächsten Ausflug in den Wirrwald mit dieser schnell zubereiteten Fladenbrotpizza! Pilze, sonnengetrocknete Tomaten und Rucola repräsentieren Karmesinpilze, Karmesinwurzeln und Wirr-Nezel. Der Fladenbrotteig ist im Handumdrehen zubereitet und erfordert kein Aufgehen, sodass ihr unverzüglich loslegen könnt.

SCHWIERIGKEITSGRAD: NORMAL

SPIELERTYP: Entdecker VORBEREITUNG: 20 Min. BACKZEIT: 13 Min.
ERGIBT: 2 bis 4 Port. HINWEISE: Vegetarisch SPEZIALWERKZEUGE: Keine

ZUTATEN

SOSSE:

800 g Pizzatomaten (aus der Dose)

½ EL Salz

60 ml Olivenöl

Rote Chiliflocken (optional)

TEIG:

200 g Weizenmehl Type 550

½ TL Salz

½ TL getrockneter Rosmarin

120 ml warmes Wasser

1½ EL Olivenöl

Maismehl, zum Bestäuben

ZUBEREITUNG

DIE SOSSE ZUBEREITEN:

1. Die Pizzatomaten in eine Schüssel geben und von Hand noch weiter zerkleinern, falls die Tomaten noch nicht fein genug sind. Sobald das Ganze an eine stückige Soße erinnert, das Salz und das Olivenöl hinzufügen und verquirlen, bis sich das Öl und die Tomatensoße vollständig miteinander verbunden haben. Dann, falls ihr es ein bisschen schärfer mögt, die Chiliflocken dazugeben. Bis zur Verwendung im Kühlschrank kaltstellen. (Nach der Zubereitung dieser Pizza habt ihr noch einiges an Soße übrig.)

DAS FLADENBROT ZUBEREITEN:

1. Den Backofen auf der höchstmöglichen Temperatur vorheizen (vermutlich 230 °C oder 240 °C). Dabei ein Backblech im Ofen platzieren.

2. In einer großen Schüssel das Mehl, das Salz und den Rosmarin vermischen.

3. Das Wasser und das Olivenöl hinzufügen und mit den Händen alles vollständig vermischen.

4. Den Teig auf eine bemehlte Arbeitsfläche geben und eine Minute kneten bzw. so lange, bis er glatt und elastisch ist. (Sollte der Teig zu klebrig sein, nach und nach noch ein bisschen mehr Mehl hinzufügen und einarbeiten, jeweils 1 EL auf einmal).

* Fortsetzung auf nächster Seite

GARNIERUNGEN:

170 g Mozzarella mit geringer Feuchtigkeit, in ca. 1 cm große Würfel geschnitten

1½ EL getrocknete Tomaten

2 Champignons, in dünne Scheiben geschnitten

20 g frischer, junger Rucola

Geriebener Parmesan, rote Chiliflocken und Oregano zum Garnieren der fertigen Pizza (optional)

5. Den Teig zu einem langen, flachen Oval (ca. 40 x 20 cm) ausrollen.

6. Mit Ofenhandschuhen das Backblech aus dem Ofen nehmen und mit Maismehl bestreuen. Das Teigoval auf das Blech legen und 5 bis 7 Minuten backen bzw. so lange, bis die Ränder allmählich goldbraun werden, der Teig aber noch nicht vollständig durchgegart sind. (Das machen wir erst, nachdem wir das Fladenbrot mit den Garnierungen belegt haben.)

7. Aus dem Ofen nehmen. Die Tomatensoße nach Belieben in die Mitte des Fladenbrots geben und mit der Rückseite eines Löffels über das Brot verteilen; dabei ringsum einen Rand von ca. 1 cm frei lassen. Den Mozzarella gleichmäßig über die Soße streuen und mit den sonnengetrockneten Tomaten und den Champignons belegen. Die Ränder des Fladenbrots mit Olivenöl bestreichen.

8. Weitere 6 Minuten backen bzw. so lange, bis das Fladenbrot goldbraun und der Käse geschmolzen ist.

9. Das Fladenbrot aus dem Ofen nehmen und auf ein Schneidebrett geben. Einige Minuten ruhen lassen, dann mit dem Rucola belegen. Mit geriebenem Parmesan, einigen Chiliflocken und einer Prise Oregano bestreuen.

10. Zum Servieren in Quadrate schneiden.

VERGRABENER-SCHATZ-KUCHEN

Ein köstliches Mahl zu genießen, ist wie das Entdecken vergrabener Schätze, nachdem man ewig danach gegraben hat – ihr habt viel Arbeit investiert, und jetzt ist es an der Zeit, den Lohn für eure Mühen zu kassieren. Durchtrennt die flockige Kruste dieser „Schatztruhe", um mit köstlichem gegartem Lachs belohnt zu werden! Und obwohl sich der Lachs nicht im Herzen des Meeres tummelt, ruht er auf einem Bett aus Spinat, der gut für euer Herz ist.

SCHWIERIGKEITSGRAD: SCHWER

SPIELERTYP: Entdecker | VORBEREITUNG: 20 Min. | BACKZEIT: 30 Min.

ERGIBT: 4 Stück | HINWEISE: Keine | SPEZIALWERKZEUGE: Nudelholz

ZUTATEN

2 EL gesalzene Butter

1 gelbe Zwiebel, fein gewürfelt

180 g Babyspinat

2 Knoblauchzehen, fein gehackt

150 g Frischkäse

30 g Semmelbrösel

65 g Parmesan, gerieben

¾ TL Salz

½ TL schwarzer Pfeffer

2 EL Weizenmehl Type 550, zum Bestreuen der Arbeitsfläche

2 Lagen TK-Blätterteig, aufgetaut

4 Lachsfilets á ca. 170 g, ohne Haut

Saft von 1/2 Zitrone (ca. 30 ml)

1 Ei

1 EL Wasser

ZUBEREITUNG

1. Den Backofen auf 205 °C vorheizen und ein Backblech mit Backpapier auslegen.

2. In einem großen Topf bei mittlerer Hitze die Butter schmelzen und die gewürfelte Zwiebel dazugeben. 3 bis 5 Minuten anschwitzen bzw. so lange, bis die Zwiebel weich und glasig ist.

3. Den Spinat und den Knoblauch hinzufügen und eine Minute garen bzw. so lange, bis der Spinat zusammenzufallen beginnt. Dann den Frischkäse dazugeben. Sobald der Frischkäse schmilzt, die Semmelbröseln, den Parmesan und jeweils 1/4 TL Salz und Pfeffer hinzufügen. Alles gründlich miteinander verrühren und vom Herd nehmen.

4. Ein Schneidebrett mit Mehl bestreuen. Die Blätterteiglagen entfalten und jede Lage halbieren. Jede Lage mit einem Nudelholz um die Hälfte dünner rollen. Die Lachsfilets von beiden Seiten salzen und pfeffern, dann jeweils ein Filet mit der Oberseite nach unten in die Mitte jeder Blätterteiglage legen. Ein bisschen Zitronensaft auf jedes Filet träufeln.

5. Jedes Lachsfilet mit 1/4 der Spinatmischung garnieren und den Spinat gleichmäßig so verteilen, dass das Filet vollständig damit bedeckt ist.

6. Die Ränder des Blätterteigs zusammenfalten, als würdet ihr ein Geschenk einwickeln, und die Blätterteigpäckchen mit der „Naht" nach unten auf ein mit Backpapier ausgelegtes Backblech legen.

7. Mit einem scharfen Messer ein „X" mittig in die Oberseite jedes Blätterteigpäckchens schneiden.

8. Eine Eierlasur herstellen, indem ihr das Ei und 1 EL Wasser verquirlt, und damit die Oberseite jedes Blätterteigpäckchens einpinseln.

9. 30 Minuten backen bzw. so lange, bis der Teig goldbraun und blättrig ist.

KÖSTLICHER FISCH

Kocht man im Spiel einen Fisch, erlangt man damit den Erfolg „Köstlicher Fisch". Und obwohl euch diese Auszeichnung verwehrt bleibt, wenn ihr im wahren Leben einen Fisch zubereitet, wird euch dafür der Genuss zuteil, besagten köstlichen Fisch dann auch zu verspeisen. Dieses Kabeljau-Rezept ist ein großartiger Weg, um euch künftigen Fischkoch-Fortschritten näherzubringen.

SCHWIERIGKEITSGRAD: SCHWER

SPIELERTYP: Fortschrittsjäger | VORBEREITUNG: 5 Min. | GARZEIT: 20 Min.

ERGIBT: 2 Portionen | HINWEISE: Glutenfrei | SPEZIALWERKZEUGE: Keine

ZUTATEN

500 g frischer Kabeljau, in 2 Hälften geschnitten

3 EL Olivenöl

½ TL Salz

½ TL schwarzer Pfeffer

½ TL Paprikapulver

1 Zitrone, eine Hälfte in Spalten geschnitten, die andere Hälfte in dünne Scheiben

2 EL gesalzene Butter

ZUBEREITUNG

1. Den Backofen auf 205 °C vorheizen.
2. Den Kabeljau mit einem Stück Küchenpapier abtupfen und mit 1 EL Olivenöl beträufeln. Den Fisch dann mit dem Salz, dem Pfeffer und dem Paprikapulver bestreuen.
3. In einer großen, ofengeeigneten Pfanne bei starker Hitze das restliche Olivenöl erwärmen. Den Kabeljau mit der Oberseite nach unten in die Pfanne geben und drei Minuten garen, ohne den Fisch zu bewegen.
4. Den Kabeljau vorsichtig wenden, die Zitronenscheiben dazugeben und die Pfanne für ca. 12 bis 14 Minuten in den Ofen stellen bzw. so lange, bis der Fisch fest ist.
5. Die Pfanne vorsichtig aus dem Ofen nehmen (denkt unbedingt daran, hierfür Ofenhandschuhe zu verwenden, da der Griff sehr heiß ist!), stückchenweise die Butter dazugeben und schmelzen lassen. Die flüssige Butter dann über den Fisch löffeln.
6. Mit einem Zitronenkeil servieren.

SELTSAME SUPPE

Was ist an dieser Suppe so seltsam? Keine Sorge, ihr werdet euch hiermit nicht vergiften, falls ihr versehentlich die falsche Blume mit hineingebt. Mit diesem Rezept kann euch nichts passieren! Tatsächlich ist dieser vegane Pilz-Linsen-Eintopf so herzhaft und gesund, dass euch der Verzehr nur positive Statuseffekte einbringt! Fügt nach Belieben euer Lieblingsgemüse hinzu, um für noch mehr Geschmack und Nährwert zu sorgen, und lasst es euch schmecken.

SCHWIERIGKEITSGRAD: NORMAL

SPIELERTYP: Versorger
VORBEREITUNG: 5 Min.
GARZEIT: 35 Min.
ERGIBT: 4 Schalen
HINWEISE: Vegetarisch, vegan, laktosefrei, glutenfrei
SPEZIALWERKZEUGE: Keine

ZUTATEN

1 EL Rapsöl

1 gelbe Zwiebel, fein gewürfelt

220 g braune und weiße Pilze, halbiert

3 Kartoffeln (mehligkochend), in ca. 1 cm große Würfel geschnitten

1 Karotte, fein gewürfelt

4 Knoblauchzehen, fein gehackt

1 l Gemüsebrühe

3 EL Tomatenmark

2 EL Sojasoße

40 g braune Linsen, abgespült

Salz und Pfeffer, nach Belieben

30 g Suppengrün, gehackt

ZUBEREITUNG

1. Das Öl bei mittlerer Hitze in einem großen Kochtopf oder Schmortopf erwärmen und dann die Zwiebel hinzufügen. Ca. 6 Minuten anschwitzen bzw. so lange, bis die Zwiebel weich und glasig ist.
2. Die Pilze, die Kartoffeln, die Karotten und den Knoblauch in den Topf geben und alles weitere zwei Minuten anbraten.
3. Die Brühe, das Tomatenmark, die Sojasoße und die Linsen hinzufügen und kurz umrühren. Die Hitze erhöhen und das Ganze zum Kochen bringen.
4. Die Hitze auf mittel reduzieren, den Deckel aufsetzen und 20 Minuten köcheln lassen.
5. Den Eintopf kosten, nach Belieben mit Salz und Pfeffer würzen und das Suppengrün eurer Wahl hineingeben. Nochmals fünf Minuten köcheln lassen bzw. so lange, bis das Suppengrün zusammengefallen ist.

MOOSHROOM-BURGER

Ein Hoch auf die majestätischen Mooshroons! Teils Pilz, teils Kuh, rundum lecker! Dieser Burger mit Trüffelsalz, Schweizer Käse, geschmorten Zwiebeln und Pilzen ist von dieser edlen, mit Pilzen bedeckten Kreatur inspiriert.

SCHWIERIGKEITSGRAD: NORMAL

SPIELERTYP: Entdecker | VORBEREITUNG: 5 Min. | GARZEIT: 18 Min.
ERGIBT: 4 Burger | HINWEISE: Keine | SPEZIALWERKZEUGE: Keine

ZUTATEN

BURGERPATTYS:

750 g mageres Rinderhack

1 TL Trüffelsalz

½ TL schwarzer Pfeffer

PILZE UND ZWIEBELN:

3 EL gesalzene Butter

230 g gemischte Pilze, entstielt und in Scheiben geschnitten

1/2 kleine gelbe Zwiebel, halbiert und in dünne Scheiben geschnitten

2 EL Balsamico-Essig

1 Prise Salz

1 Prise schwarzer Pfeffer

GARNIERUNGEN:

2 EL Mayonnaise

1 TL Knoblauch, fein gehackt

1 TL Zitronensaft

1 Prise Salz

1 Prise schwarzer Pfeffer

4 Scheiben Schweizer Käse

4 Brioche-Brötchen, aufgeschnitten

20 g Rucola

ZUBEREITUNG

1. In einer Schüssel das Hackfleisch, das Trüffelsalz und den schwarzen Pfeffer vermischen und das Fleisch in vier gleich große Portionen aufteilen. Mit den Händen zu vier Pattys formen.

2. In einer großen Pfanne bei mittlerer Hitze die Butter schmelzen. Die Pilze, Zwiebel, den Balsamico-Essig, das Salz und den Pfeffer hinzufügen und das Ganze ca. 7 bis 10 Minuten anschwitzen bzw. so lange, bis die Zwiebeln glasig und die Pilze weich und angebräunt sind. Dann auf einen Teller geben, mit Alufolie abdecken und beiseitestellen.

3. Die Pattys bei hoher Hitze in die Pfanne geben und ca. 6 bis 8 Minuten pro Seite anbraten bzw. so lange, bis die Kerntemperatur des Fleischs 72° C beträgt.

4. In der letzten Minute des Anbratens jeweils eine Scheibe Schweizer Käse auf jeden Patty geben und schmelzen lassen.

5. In einer kleinen Schüssel die Mayonnaise, den Knoblauch, den Zitronensaft, das Salz und den Pfeffer zu einer Aioli vermischen.

6. Die Brioche-Brötchen toasten, waagerecht halbieren und jeweils mit etwas Aioli bestreichen.

7. Die untere Hälfte jedes Brötchens mit Rucola garnieren, dann jeweils einen Burgerpatty darauf geben und mit einem Viertel der Pilzmixtur krönen. Mit der oberen Brötchenhälfte abschließen.

WÜSTENZOMBIE-TAMALES

Wüstenzombies sind echt furchteinflößend. Jedenfalls in den Weiten von *Minecraft*. Diese Version dagegen ist einfach nur köstlich. Tatsächlich werdet ihr beim Zubereiten dieser genialen Tamales einen solchen Heißhunger bekommen, dass es euch fast so vorkommen wird, als würdet ihr von Wüstenzombies attackiert werden. Genau wie die Mobs im Spiel droppen diese Leckerchen Kartoffeln, Karotten und Fleisch (natürlich Hühnchen), um euch eine großartige Mahlzeit zu verschaffen.

SCHWIERIGKEITSGRAD: SCHWER

SPIELERTYP: Kämpfer VORBEREITUNG: 40 Min. GARZEIT: 45 - 60 Min.

ERGIBT: 12 Tamales ERNÄHRUNGSHINWEISE: Laktosefrei, glutenfrei

SPEZIALWERKZEUGE: Mixer, Dampfgarer

ZUTATEN

20 getrocknete Maisblätter

2 EL Olivenöl

1 große Hähnchenbrust oder Hühnerschenkel (ca. 250 g)

7 g Taco-Gewürz

50 g Salsa

750 ml Hühnerbrühe

1 große rote Kartoffel (ca. 250 g), geschält und in ca. 1 cm große Würfel geschnitten

50 g TK-Maiskörner, aufgetaut

100 g rote Enchilada-Soße

170 g Schmalz (oder Backfett)

260 g Maismehl

1 TL Backpulver

½ TL Salz

½ TL Kreuzkümmel

ANMERKUNG DES KÄMPFERS:
Ihr habt kein fertiges Taco-Gewürz zur Hand? Dann macht doch einfach euer eigenes, indem ihr die folgenden Zutaten miteinander vermengt:
Je 1/2 TL Chilipulver, Kreuzkümmel, Knoblauchpulver und Paprika. Außerdem je 1/4 TL Oregano, Zwiebelpulver, Salz und schwarzer Pfeffer. Eine Prise Chiliflocken sorgt überdies für ein bisschen Schärfe.

ZUBEREITUNG

1. Die Maisblätter einweichen: Die Maisblätter in eine große Schüssel geben und mit warmem Wasser bedecken. 30 Minuten einweichen bzw. so lange, bis die Blätter weich sind. (Sie verwandeln sich auch nicht in Zombies, versprochen!)

2. Die Füllung zubereiten: Das Olivenöl bei mittlerer Hitze in eine Pfanne träufeln. Das Fleisch von beiden Seiten mit dem Taco-Gewürz bestreuen und in der Pfanne anbraten (ca. 2 bis 3 Minuten pro Seite). Die Salsa, 250 ml Hühnerbrühe und die Kartoffelwürfel hinzufügen. Den Deckel aufsetzen und 15 bis 20 Minuten köcheln lassen bzw. so lange, bis sich das Hühnchen leicht mit zwei Gabeln zerkleinern lässt. Dann zerrupfen und zusammen mit dem Mais zurück in die Pfanne geben. Eine Minute garen bzw. so lange, bis der Mais warm ist. Abgießen, in eine Schüssel geben und mit der Enchilada-Soße vermischen.

3. Den Teig zubereiten: Das Schmalz und 1 EL Hühnerbrühe in einem Standmixer fluffig aufschlagen. Das Maismehl, das Backpulver, das Salz und den Kreuzkümmel dazugeben und gut durcharbeiten. Langsam die übrige Brühe hinzufügen und dabei auf niedriger Stufe weiter durchmischen. Die Geschwindigkeit dann auf mittel erhöhen und 10 Minuten durcharbeiten bzw. so lange, bis der Teig fluffig und luftig ist; dabei gelegentlich innehalten, um die Seiten der Schüssel abzukratzen.

4. Die Maisblätter aus dem Wasser nehmen, falls ihr das noch nicht getan habt, und auf einem Stück Küchenpapier abtropfen lassen. Jeweils ein Blatt auf der Arbeitsfläche verarbeiten und je ca. 3 EL Teig so darauf verteilen, dass ihr ein Rechteck von ca. 8 x 10 cm Größe und 5 mm Dicke bekommt.

5. Jeweils 1½ EL Füllung in einer Linie auf die Mitte des Teigrechtecks geben. Das Maisblatt vertikal umfalten und den Teig über der Füllung verschließen. Über die zusätzliche vertikale Blattkante falten, dann die oberen und die unteren Seiten des Blatts umfalten, als würdet ihr einen Burrito machen. Mit den übrigen Tamales wiederholen.

6. Den Boden des Dampfgarers mit weiteren Maisblättern auskleiden und die Tamales aufrecht stehend im Dampfgarer platzieren. Eingeweichte Maisblätter oder ein feuchtes Geschirrtuch über die Tamales breiten und den Deckel aufsetzen.

7. Das Wasser für den Dampfgarer zum Kochen bringen, dann die Hitze so weit reduzieren, dass das Wasser nur noch siedet, und ca. 45 bis 60 Minuten dämpfen. Die Tamales sind fertig, wenn sich die Maisblätter von allein ein bisschen von der Teigfüllung zurückziehen.

8. 10 Minuten ruhen lassen, um den Tamales Zeit zu geben, fest zu werden, dann herausnehmen und genießen.

REDSTONE-STAUB-MIX

Braucht euer Essen noch ein bisschen Extrageschmack? Mit diesem von Redstone-Staub inspiriertem Gewürzmix könnt ihr allem, das ihr zubereitet, einen zusätzlichen Kick verleihen. Zwar überträgt dieser Mix keine Energie, aber dafür ein würziges, rauchig-süßes Aroma – perfekt für Hühnchen, Rippchen und alles, das ihr auf den Grill packen wollt.

SCHWIERIGKEITSGRAD: EINFACH

SPIELERTYP: Erfinder VORBEREITUNG: 2 Min. KOCHZEIT: Keine

ERGIBT: 100 g Trockenrub (genug für ca. 3 kg Fleisch)

HINWEISE: Vegetarisch, vegan, laktosefrei, glutenfrei SPEZIALWERKZEUGE: Keine

ZUTATEN

55 g Rohrzucker

2 EL geräuchertes Paprikapulver

2 EL Salz

1 EL Knoblauchpulver

1 EL Chilipulver

2 TL schwarzer Pfeffer

1 TL Zwiebelpulver

1 TL Cayennepfeffer

1 TL Kreuzkümmel

ZUBEREITUNG

1. Alle Zutaten miteinander vermischen und in ein Einweckglas geben.

2. Sobald es Zeit wird, das Fleisch vorzubereiten, 2 EL Mix pro Pfund Fleisch oder Gemüse darüberstreuen und mit den Händen einreiben; dabei darauf achten, dass das Fleisch oder Gemüse ringsum mit dem Mix bedeckt sind. Anschließend mindestens 15 Minuten einziehen lassen. Das Fleisch bzw. das Gemüse dann wie gewohnt garen.

„RÄUCHEROFEN"-RINDERBRUST

Wie ahmt man die Smoker-Erfahrung aus *Minecraft* im wahren Leben nach, wenn man keinen Smoker zur Hand hat? Mit Aroma! Flüssigrauch, Worcestershiresoße und verschiedene Gewürze sorgen dafür, dass diese Rinderbrust so schmeckt, wie sie schmecken soll – und keiner wird ahnen, wie kinderleicht die Zubereitung ist!

SCHWIERIGKEITSGRAD: EINFACH

SPIELERTYP: Erfinder VORBEREITUNG: 7 h GARZEIT: 6 h

ERGIBT: 2 bis 3 kg Rinderbrust HINWEISE: laktosefrei, glutenfrei

SPEZIALWERKZEUGE: Keine

ZUTATEN

2 bis 3 kg Rinderbrust

70 ml Worcestershiresauce

2 EL Flüssigrauch

1 EL Salz

1 EL Selleriesalz

1 EL Knoblauchpulver

1 EL Zwiebelpulver

1 EL schwarzer Pfeffer

ZUBEREITUNG

1. Legt die Rinderbrust in eine Pfanne oder auf ein Drahtgitter, das auf einem Backblech liegt.
2. Die Worcestershiresauce und den Flüssigrauch miteinander vermischen und die Rinderbrust damit von beiden Seiten großzügig einpinseln.
3. Das Salz, das Selleriesalz, das Knoblauchpulver, das Zwiebelpulver und den Pfeffer vermengen, die Rinderbrust ringsum gleichmäßig damit bestreuen und andrücken.
4. Die Rinderbrust samt der Pfanne mit Alufolie abdecken und für sechs Stunden oder über Nacht in den Kühlschrank stellen.
5. Den Backofen auf 150 °C vorheizen. Die Rinderbrust aus dem Kühlschrank holen und Zimmertemperatur annehmen lassen, während der Ofen vorheizt.
6. Die Rinderbrust mit der Fettseite nach unten in die Pfanne bzw. auf das Drahtgitter legen, wieder mit Alufolie abdecken und für vier bis fünf Stunden im Ofen garen bzw. so lange, bis die Kerntemperatur an der dicksten Stelle des Fleisches 93 °C anzeigt. Dann die Alufolie entfernen und die Rinderbrust noch eine Stunde unabgedeckt weiter garen.
7. Die Rinderbrust aus dem Ofen nehmen und 30 Minuten ruhen lassen. Gegen die Faser in dünne Scheiben schneiden und servieren.

ANMERKUNG DES ERFINDERS:
Falls eure Rinderbrust ein wenig würziger sein soll, verwendet statt der hier angegebenen Gewürze einfach den Redstone-Staub-Mix (siehe vorheriges Rezept).

ACKERLAND-SMÖRGÅSTÅRTA

Minecraft ist nicht das einzige Vergnügen aus Schweden. Diese Smörgåstårta oder Brottorte ist ein schwedisches Gericht, das ursprünglich in den 60er-Jahren entstand und heute ein Comeback feiert. Smörgåstårta ist der perfekte Snack für eure nächste *Minecraft*-Party und jede Frühlings- oder Sommerfeier, und das nicht nur wegen seines Herkunftslandes, sondern gleichermaßen aufgrund seiner geschichteten, blockartigen Anrichteweise. Garniert die Außenseiten so, dass sie an Ackerland und eure Lieblingspflanzen erinnern, und schneidet das Ganze dann in köstliche Sandwich-Scheiben mit *Minecraft*-Flair.

SCHWIERIGKEITSGRAD: SCHWER

SPIELERTYP: Baumeister VORBEREITUNG: 30 Min. GARZEIT: Keine

ERGIBT: 1 Smörgåstårta (ca. 8 Port.) HINWEISE: Keine

SPEZIALWERKZEUGE: Keine

ZUTATEN

EIERSALAT:

4 hartgekochte Eier, grob gehackt

70 g Mayonnaise

1 Frühlingszwiebel, fein gehackt

½ EL Dijon-Senf

½ TL Zitronensaft

¼ TL Paprikapulver

½ TL Dill

¼ TL Salz

1 Prise Pfeffer

GEFLÜGELSALAT:

150 g Grillhähnchen, gehackt

55 g Mayonnaise

1 Selleriestange, gehackt

1 Frühlingszwiebel, gehackt

½ TL Dijon-Senf

SMÖRGÅSTÅRTA:

170 g Frischkäse

180 g Sauerrahm

55 g Mayonnaise

½ TL Dill

1 Prise Salz und Pfeffer

10 Scheiben Weißbrot

1 Salatgurke

1 Rettich

ZUBEREITUNG

1. Zuerst die verschiedenen Salate zubereiten: Alle Zutaten für den Eiersalat in einer Schüssel vermischen und bis zur Verwendung im Kühlschrank aufbewahren. Dasselbe mit den Zutaten für den Geflügelsalat tun.

2. Die Smörgåstårta zubereiten: In einer Schüssel den Frischkäse, den Sauerrahm, die Mayonnaise, den Dill, das Salz und den Pfeffer vermischen und glattrühren.

3. Die Krusten von den Brotscheiben abschneiden und zwei Scheiben nebeneinander auf einen Servierteller legen. Eine Scheibe mit Eiersalat belegen, gleichmäßig verstreichen und mit einer Scheibe Brot bedecken.

4. Die andere Scheibe mit Geflügelsalat belegen, gleichmäßig verstreichen und mit einer weiteren Scheibe Brot bedecken.

5. Wiederholen, aber diesmal den Eiersalat über der Seite mit dem Geflügelsalat verteilen. Jeweils mit einer Scheibe Brot bedecken und so abwechselnd mit Salat und Brot fortfahren, bis ihr schließlich einen rechteckigen „Kuchen“ habt, der fünf Brot-Salat-Scheiben hoch und zwei Scheiben breit ist.

6. Die Oberseite und die Seiten des „Brotkuchens“ mit der Frischkäsemischung bestreichen. Die Gurke und den Rettich mit einer Mandoline oder einem scharfen Messer in dünne Scheiben schneiden und die Seiten und die Oberseite des „Kuchens“ mit den Gemüsescheiben dekorieren. Anschließend für mindestens 30 Minuten in den Kühlschrank stellen. Dann genauso aufschneiden, wie ihr es bei einem Kuchen tun würdet, und servieren!

DESSERTS

NETHERPORTAL-SCHNECKEN

Psssst ... Horcht ... Hört ihr dieses Weinen und Wimmern? Das sind all die Leute, die noch keine dieser leckeren Netherportal-Schnecken probiert haben! Das charakteristische Lila kommt von der Ube, einer Yamswurzel, die ursprünglich von den Philippinen stammt. Und dass euch bei der Zubereitung das Wasser im Mund zusammenläuft, ist dem betörenden Duft von Zimt, Zucker, Butter und Frischkäse geschuldet.

SCHWIERIGKEITSGRAD: NORMAL

SPIELERTYP: Entdecker VORBEREITUNG: 20 Min. BACKZEIT: 25 Min.

ERGIBT: 12 Zimtschnecken HINWEISE: Vegetarisch

SPEZIALWERKZEUGE: Mixer mit Knethakenaufsatz

ZUTATEN

UBE-PÜREE:

1 große Ube-Wurzel (für ca. 200 g Ube-Püree)

TEIG:

175 ml Milch

50 g Zucker

2¼ TL aktive Trockenhefe

55 g ungesalzene Butter, geschmolzen

1 Ei, bei Zimmertemperatur

520 g Mehl

1 TL Backpulver

½ TL Salz

FÜLLUNG:

75 g ungesalzene Butter, aufgeweicht

220 g Rohrzucker

3 EL Zimt

ZUCKERGUSS:

230 g Frischkäse

110 g ungesalzene Butter, aufgeweicht

300 g Puderzucker

3 TL Vanilleextrakt

4 Tropfen lila Lebensmittelfarbe

1 Prise Salz

* Fortsetzung auf nächster Seite

ZUBEREITUNG

1. Zuerst das Ube-Püree zubereiten: Die Ube waschen, schälen und in ca. 3 cm lange Stücke hacken. Für 15 Minuten dämpfen, kochen oder im Ofen backen, dann aus der Hitze nehmen und fünf Minuten abkühlen lassen. Die Ube anschließend zu einem glatten, geschmeidigen Püree zerdrücken.

2. Den Teig zubereiten: Die Milch 30 Sekunden in der Mikrowelle erwärmen und in die Schüssel eines Standmixers mit Knethakenaufsatz geben. Den Zucker unterrühren und die aktive Trockenhefe einstreuen. Fünf Minuten ruhen lassen.

3. Während die Hefemischung ruht, ca. 3/4 von dem Ube-Püree und die geschmolzene Butter in eine Schüssel geben, das Ei hinzufügen und untermischen. Dies zur Milch-Trockenhefe-Mixtur in die Rührschüssel geben.

4. In einer separaten Schüssel das Mehl, das Backpulver und das Salz vermischen und langsam in die Mixerschüssel geben, bis alles gut vermischt ist. Die Maschine auf mittlere Geschwindigkeit stellen und den Teig 8 bis 10 Minuten mit dem Knethaken kneten. Die Schüssel dann abdecken und den Teig eine Stunde gehen lassen bzw. so lange, bis er doppelt so groß ist wie zuvor.

5. Die Füllung zubereiten: Den Teig aus der Schüssel nehmen und auf einer bemehlten Arbeitsfläche zu einem Rechteck von ca. 35 x 40 cm ausrollen. Die gesamte Oberseite mit der Butter bestreichen.

6. Den Zucker und den Zimt vermischen und den Teig gleichmäßig damit bestreuen. Verteilen und leicht andrücken, bis die ganz Oberfläche bedeckt ist.

7. An einer der Längsseiten beginnen und den Teig fest zu einem Zylinder zusammenrollen. Mit der „Endnaht“ nach unten einige Minuten ruhen lassen, um die Rolle zu verschließen. Dann mit einem Brotmesser oder einem langen Stück geschmacksneutraler Zahnseide die unebenen Kanten abscheiden. Den übrigen Teig in zwölf gleich große Scheiben schneiden.

8. Eine Backform (ca. 22 x 32 cm) mit Backkapier auslegen und die Scheiben dicht an dicht hineinlegen. Mit Frischhaltefolie abdecken und 30 Minuten gehen lassen.

9. Währenddessen den Ofen auf 175 °C vorheizen.

10. Die Frischhaltefolie entfernen und die Zimtschnecken ca. 20 bis 25 Minuten backen bzw. so lange, bis sie leicht gebräunt sind.

11. Während die Zimtschnecken backen, den Zuckerguss zubereiten. Hierzu den Frischkäse und die Butter in einen Mixer geben und auf hoher Stufe durchrühren, bis das Ganze leicht und cremig ist. Langsam den Puderzucker hinzufügen (jeweils eine Menge von 100 g) und nach jedem Zugeben vollständig einarbeiten. Dann das Vanilleextrakt, die Lebensmittelfarbe und das Salz dazugeben und fünf Minuten auf hoher Stufe schlagen bzw. so lange, bis der Zuckerguss schön fluffig ist und die gewünschte Konsistenz hat. (Bei Bedarf ein oder zwei Tropfen Lebensmittelfarbe hineingeben, bis der Guss lila genug ist).

12.Sobald ihr die Zimtschnecken aus dem Ofen holt, die Oberseiten mit der Hälfte des Zuckergusses garnieren, um sie mit einer schönen, geschmolzenen Glasur zu überziehen. 10 Minuten anziehen lassen, dann mit dem übrigen Zuckerguss noch ein zweites Mal glasieren.

MARSHMALLOW-WOLKEN

Haltet ihr beim Spielen manchmal einfach inne und schaut zu den Wolken hinauf? Diese kastenförmigen weißen Gebilde, die sich vor dem blauen Himmel abzeichnen, betteln förmlich darum, zu Marshmallows verarbeitet zu werden! Nehmt euch einen Moment Zeit, um euch hinzusetzen, ein bisschen abzuschalten und den Tag mit diesen Wolken-Mallows zu genießen.

SCHWIERIGKEITSGRAD: NORMAL

SPIELERTYP: Entdecker
VORBEREITUNG: 4 h, 30 Min.
BACKZEIT: 10 Min.
ERGIBT: 1 Marshmallow-Platte (ca. 22 x 30 cm)
HINWEISE: Laktosefrei, glutenfrei
SPEZIALWERKZEUGE: Mixer mit Schneebesenaufsatz; Zuckerthermometer; Pizzaschneider

ZUTATEN

20 g Gelatine

250 ml kaltes Wasser

300 g Kristallzucker

300 g heller Maissirup

¼ TL Salz

1 TL klares Vanilleextrakt

50 g Puderzucker

ZUBEREITUNG

1. Den Mixer mit einem Schneebesenaufsatz versehen. In der Rührschüssel die Gelatine und 125 ml Wasser vermischen und ruhen lassen, während ihr den Sirup zubereitet.

2. Hierzu in einem kleinen Topf den Zucker, den Maissirup, das Salz und das übrige Wasser vermischen und bei mittlerer Hitze 10 Minuten unter regelmäßigem Rühren köcheln lassen bzw. so lange, bis sich der Zucker vollständig aufgelößt hat und ein Zuckerthermometer 115 °C anzeigt. Dann sofort vom Herd nehmen.

3. Den Sirup auf niedriger Stufe langsam in die Rührschüssel laufen lassen. Sobald der gesamte Sirup in der Schüssel ist, die Geschwindigkeit des Mixers nach und nach erhöhen (dabei darauf achten, Spritzer zu vermeiden) und 15 Minuten laufen lassen bzw. so lange, bis die Mischung sehr dickflüssig ist. Nun das Vanilleextrakt hinzufügen und vollständig einarbeiten.

4. Eine flache Backform (ca. 22 x 32 cm) mit Kochspray einsprühen und mit einer Schicht Puderzucker bestreuen. Die Sirupmixtur gleichmäßig in die Form gießen und mit Puderzucker bestreuen.

5. Die Marshmallow-Mischung mindestens vier Stunden offen ruhen lassen.

6. Anschließend ein Schneidebrett mit Puderzucker bestreuen die ausgehärtete Marshmallow-Platte darauf stürzen. Die Marshmallows mit einem Pizzaschneider zu Quadraten und kastenförmigen Wolken schneiden.

FACKEL-SHOTS

Es ist immer gut, eine Fackel zur Hand zu haben, vor allem, wenn ihr die andere Hand dann noch frei habt, um euch den einen oder anderen dieser Shots zu gönnen. Allerdings sind diese Fackeln ein bisschen schwieriger zusammenzubasteln, als Kohle und einen Stock zu kombinieren. Diese aus Schoko- und Vanilleschichten bestehende Crème Brûlée wird mit Zucker gekrönt und dann zünftig mit Feuer flambiert. Säumt einen Minenschacht mit diesen Fackeln, und ihr müsst nie hungern!

SCHWIERIGKEITSGRAD: SCHWER

SPIELERTYP: Entdecker VORBEREITUNG: 1 Stunde, 30 Min. BACKZEIT: 35 Min.

ERGIBT: 8 Shots HINWEISE: Vegetarisch, glutenfrei

SPEZIALWERKZEUGE: Flambierbrenner; 3 Schnapsgläser (á 100 ml Fassungsvermögen) zum Servieren

ZUTATEN

7 große Eigelb

100 g Zucker plus 3 EL

600 g Sahne

1 TL Vanilleextrakt

85 g Zartbitterkuvertüre, grob gehackt

Heißes Wasser

ZUBEREITUNG

1. Den Backofen auf 150 °C vorheizen. Die Eigelbe mit 100 g Zucker verquirlen, bis das Ganze leicht und fluffig ist.

3. In einem großen Topf für 3 Minuten die Sahne erwärmen bzw. so lange, bis sich an den Rändern Bläschen bilden. Vom Herd nehmen.

4.50 ml der heißen Sahne zu der Eigelbmischung geben und einarbeiten. Das Ganze dann zusammen mit der übrigen Sahne in den großen Topf gießen. Die Vanille hinzufügen und umrühren.

5. ⅓ der Mischung in eine separate Schüssel geben und beiseitestellen. Die gehackte Kuvertüre zum restlichen Vanillepudding im Topf hinzufügen. Durchrühren, bis die Schokolade vollständig geschmolzen und alles gut vermischt ist.

6. Den Schokopudding jeweils bis zur Hälfte in die Schnapsgläser füllen.

7. Den Vanillepudding langsam über die Rückseite eines Löffels auf die Schokolade fließen lassen. Die Schnapsgläser zu ¾ befüllen.

8. Die Schnapsgläser in eine Backform mit hohem Rand geben und die Form mit so viel heißem Wasser füllen, dass es bis zur Hälfte der Gläser reicht.

9. In den Ofen stellen und 35 Minuten backen bzw. so lange, bis die Crème brûlée zwar fest, aber immer noch ein bisschen „wabbelig" ist. Die Gläser aus der Form nehmen und bei Zimmertemperatur 15 Minuten abkühlen lassen.

10. Anschließend mindestens eine Stunde im Kühlschrank kaltstellen.

11. 1 TL Zucker in jedes Glas streuen und mit einem Flambierbrenner so lange abflämmen, bis der Zucker vollständig geschmolzen und karamellisiert ist.

SCHLAMM-BROWNIES

Will man im Spiel Lehmziegel craften, besteht der erste Schritt darin, einen Schlammblock mit Stroh zu kombinieren. Bei diesem Rezept jedoch ergeben „Schlamm" und Stroh (bzw. Mehl) etwas weitaus Schmackhafteres! Teils Blondie, teils Brownie, machen diese Leckerchen jeden noch so trüben Tag zu einem Fest!

SCHWIERIGKEITSGRAD: SCHWER

SPIELERTYP: Baumeister VORBEREITUNG: 45 Min. BACKZEIT: 35 Min.
ERGIBT: 16 Brownies HINWEISE: Vegetarisch
SPEZIALWERKZEUGE: Mixer; quadratische Backform (ca. 20 x 20 cm)

ZUTATEN

SCHLAMMBLÖCKE:

110 g ungesalzene Butter, geschmolzen

170 g Zartbitterkuvertüre, grob gehackt

200 g Kristallzucker

1 TL Vanilleextrakt

2 Eier

130 g Weizenmehl Type 550

½ TL Salz

¼ TL Backpulver

STROHBALLEN:

110 g ungesalzene Butter, geschmolzen

220 g heller Rohrzucker

2 TL Vanille

1 Ei

130 g Weizenmehl Type 550

½ TL Salz

½ TL Backpulver

ZUBEREITUNG

1. Den Backofen auf 175 °C vorheizen und eine quadratische Backform (ca. 20 x 20 cm) mit Backpapier auslegen.

2. Die Schlammblöcke zubereiten: In einer Schüssel die geschmolzene Butter und die Schokostückchen vermischen, bis die Schokolade vollständig geschmolzen ist. Den Zucker und die Vanille dazugeben.

3. Die Eier eins nach dem anderen hinzufügen und jedes einzeln unterrühren.

4. In einer kleinen Schüssel das Mehl, das Salz und das Backpulver vermischen. Die trockenen Zutaten zu den flüssigen geben und durchrühren, bis alles gut vermischt ist.

5. Den Teig in die vorbereitete Backform gießen und zu einer gleichmäßigen Schicht ausstreichen. 20 Minuten backen.

6. Während die Schlammblock-Schicht backt, die Strohballen-Schicht zubereiten. Hierzu die Butter und den Rohrzucker in die Schüssel eines Mixers geben und sorgsam miteinander vermischen.

7. Die Vanille und das Ei dazugeben und gut einarbeiten. Die Seiten der Schüssel abkratzen und erneut durchmischen.

8. In einer kleinen Schüssel das Mehl, das Salz und das Backpulver vermischen. Die trockenen Zutaten zu den flüssigen geben und kurz verrühren

9. Den Strohballen-Teig über die Schlammblock-Schicht gießen und die Oberfläche glätten.

10. 30 Minuten im Ofen backen bzw. so lange, bis ein Zahnstocher, den man in die Mitte pikst, beim Herausziehen sauber bleibt.

11. Das Backblech auf ein Drahtgitter geben und 30 Minuten abkühlen lassen. Anschließend auf ein Schneidebrett stürzen und die Brownie-Masse in Quadrate schneiden.

TON-FUDGE-BLÖCKE

Obwohl die Blöcke aussehen, als bestünden sie aus Ton, schmecken sie vielmehr nach eurem liebsten Cookie-Sahneeis! Diese Köstlichkeiten sind zwar schneller zubereitet, als ihr im Spiel Tonblöcke abbauen könnt, aber ein bisschen Geduld braucht ihr dennoch, denn diese Ton-Fudge-Blöcke müssen unbedingt eine Weile im Kühlschrank kaltgestellt werden, bevor ihr euch darüber hermachen könnt.

SCHWIERIGKEITSGRAD: EINFACH

SPIELERTYP: Baumeister | VORBEREITUNG: 5 Min. | BACKZEIT: 5 Min.

ERGIBT: 64 Blöcke | HINWEISE: Vegetarisch | SPEZIALWERKZEUGE: Keine

ZUTATEN

450 g Kekse mit Schokofüllung (ca. 26 Stück)

420 ml gesüßte Kondensmilch

1/8 TL Salz

500 g weiße Kuvertüre, grob gehackt

1 TL Vanilleextrakt

ZUBEREITUNG

1. Die Hälfte der Kekse in einen Mixer oder eine Küchenmaschine geben und 10 Sekunden zerkleinern, um feine Krümel zu bekommen. Die übrigen Kekse hinzufügen und kurz durcharbeiten, bis diese Hälfte grob zerkleinert ist.

2. Eine Backform (ca. 20 x 20 cm) mit Back- oder Wachspapier auslegen.

3. Die gesüßte Kondensmilch und das Salz unter häufigem Rühren bei mittlerer Hitze in einem mittelgroßen Topf erwärmen, bis die Milch zu köcheln beginnt. Die Hitze dann auf niedrig reduzieren und unter stetem Rühren die gehackte weiße Kuvertüre und das Vanilleextrakt hinzufügen. So lange verrühren, bis die Schokolade anfängt zu schmelzen. Nun den Herd ausschalten und weiterrühren, bis die Kuvertüre vollständig geschmolzen ist.

4. Sobald die Schokolade vollständig geschmolzen und alles gut vermischt ist, die Kekskrümel einrühren.

5. Die Fudge-Masse gleichmäßig in die vorbereitete Backform füllen und die Oberfläche glattstreichen.

6. Mindestens zwei Stunden im Kühlschrank kaltstellen bzw. so lange, bis der Fudge fest ist.

7. Den Fudge auf einem Schneidebrett in 64 ca. 2 cm große Quadrate schneiden.

GLASIERTE KERAMIK-KEKSE

Glasierte Keramik mit ihren wunderschönen Mustern ist ein großartiges, dekoratives Baumaterial. Doch diejenigen unter uns mit einem Faible für originelle Kulinarik haben bei diesem Anblick bloß einen Gedanken: daraus Kekse zu machen! Und mit diesem Rezept ist das einfacher, als ihr denkt! Ein bisschen Vorausplanung und verschieden eingefärbte Teige verschaffen euch kunstvoll-köstliche Kekse, die fast zu schön sind, um sie zu verspachteln. Fast.

SCHWIERIGKEITSGRAD: SCHWER

SPIELERTYP: Baumeister | VORBEREITUNG: 1 Stunde, 30 Min. | BACKZEIT: 10 Min.
ERGIBT: 32 Kekse | HINWEISE: Vegetarisch | SPEZIALWERKZEUGE: Mixer

ZUTATEN

220 g ungesalzene Butter

200 g Kristallzucker

1 Ei

1 TL Vanille

390 g Mehl Type 550

2 TL Backpulver

½ TL Salz

Gel-Lebensmittelfarbe, nach Belieben

ZUBEREITUNG

1. In einem Standmixer die Butter und den Zucker leicht und cremig aufschlagen.
2. Das Ei und dann die Vanille hinzufügen und nach jedem Zugeben vollständig einarbeiten.
3. In einer separaten Schüssel das Mehl, das Backpulver und das Salz vermischen und langsam zu den feuchten Zutaten geben. Einarbeiten, bis alles sorgfältig vermischt ist.
4. Den Teig auf verschiedene kleine Schüsseln aufteilen. Eine Schüssel für jede Farbe, die ihr für eure „Kekskacheln" verwenden wollt. Es mag hilfreich sein, das Design eurer „Kacheln" vorab zu skizzieren, um euch durch die nächsten Zubereitungsschritte zu leiten. Oder ihr improvisiert und schaut einfach, was dabei herauskommt!
5. Jeweils ein paar Tropfen Gel-Lebensmittelfarbe in jede Schüssel geben und mit dem Teig vermischen, bis die gewünschte Färbung erreicht ist. (Es empfiehlt sich, hierbei Handschuhe zu tragen, um nicht versehentlich eure Finger einzufärben!)

* Fortsetzung auf nächster Seite

6. Jeden Batzen bunten Teigs zu einem länglichen Zylinder ausrollen. Ihr müsst die einzelnen Zylinder aufeinanderstapeln, um einen einzelnen, dickeren Zylinder zu formen; die Scheiben dieses Zylinders werden dann eure Kekskacheln. Orientiert euch an eurer Skizze (falls ihr eine habt) und stapelt die Teigstränge der Länge nach so aufeinander, dass die verschiedenen Farben da sind, wo ihr sie haben wollt. Seht euch das Ende der Röhre an, um festzustellen ob der Querschnitt Eurem gewünschten Muster entspricht.

7. Soll eure Fliese in der Mitte ein bestimmtes Muster aufweisen, rollt einen der bunten Teigbatzen flach aus und schneidet mit einem Keksausstecher die gewünschten Formen aus. Stapelt diese Stücke dann übereinander. Rollt die übrigen Teigbatzen zu länglichen Zylindern und füllt damit die Lücken rings um den Strang mit den ausgeschnittenen Formen aus, um so einen Teigstamm mit dem ausgestochenen Muster im Innern zu formen.

8. Sind die Farben richtig angeordnet, drückt den Teig zusammen und formt alles zu einem einzigen Zylinder.

9. Flacht den Teigstamm von allen Seiten ab, um eine längliche, quadratische Säule zu bekommen. In Frischhaltefolie wickeln und für mindestens eine Stunde in den Kühlschrank legen.

10. Den Backofen auf 175 °C vorheizen und zwei Backbleche mit Backpapier auslegen.

11. Den Teigstamm aus dem Kühlschrank nehmen und in ca. 1,5 cm dicke Scheiben schneiden. Die Kekse auf die Backbleche legen und 8 bis 10 Minuten backen bzw. so lange, bis die Kekse fest sind und sich an den Rändern goldbraun färben. Aus dem Ofen nehmen und auf den Blechen 5 Minuten abkühlen lassen. Dann auf ein Drahtgitter geben und vollständig abkühlen lassen.

HONIGBLOCK

Diese Honigblöcke sind nicht ganz so klebrig wie die im Spiel – was gut ist. Außerdem schmecken sie köstlich. Fast so, als würde man in eine Honigwabe beißen – und das ist sogar noch besser!

SCHWIERIGKEITSGRAD: LEICHT

SPIELERTYP: Versorger VORBEREITUNG: 30 Min. BACKZEIT: 10 Min.
ERGIBT: 1 Block (ca. 22 x 22 cm) HINWEISE: Vegetarisch, laktosefrei, glutenfrei
SPEZIALWERKZEUGE: Zuckerthermometer

ZUTATEN

300 g Kristallzucker

75 g Honig

60 ml Wasser

1 EL Backpulver

ZUBEREITUNG

1. Eine ca. 22 x 22 cm große Backform mit Backpapier auslegen und beiseitestellen.
2. In einem mittelgroßen Topf bei hoher Hitze den Zucker, den Honig und das Wasser vermischen und unter stetem Rühren zum Kochen bringen.
3. Die Hitze auf mittel reduzieren und unter regelmäßigem Rühren ca. 5 bis 7 Minuten köcheln lassen bzw. so lange, bis die Mischung allmählich dunkler wird und das Zuckerthermometer 150 °C erreicht.
4. Vom Herd nehmen und das Backpulver einquirlen. Achtung: Das Ganze beginnt schnell zu blubbern!
5. Die Mischung in die Backform gießen und den Topf mit einem Küchenspatel vollständig auskratzen. Die Form bei Bedarf behutsam hin und her neigen, um die Mixtur gleichmäßig zu verteilen und für eine ebenmäßige Oberfläche zu sorgen, jedoch keinesfalls umrühren, da ihr so die Bläschen in der Honigmasse zerstört!
6. 30 Minuten abkühlen lassen bzw. so lange, bis der Honigblock ausgehärtet ist. In Blöcke schneiden.

SCHAFWOLLE

Schafe scheren ist in *Minecraft* eine wichtige Aufgabe – man könnte sogar sagen, man kommt nicht eher ins Bett, bis die Arbeit erledigt ist! Obwohl dieses Rezept nicht fürs Craften von Betten taugt (zumal der Zuckergehalt dieser Leckerchen euch vermutlich eher wach hält, als einschlafen lässt), ist diese Schafwolle genauso weich und flauschig. Die Zuckerfäden erinnern an Wolle, und genau wie die Schafe im Spiel könnt ihr diese Leckerei in allen möglichen Farben eurer Wahl einfärben.

SCHWIERIGKEITSGRAD: SCHWER

SPIELERTYP: Versorger — VORBEREITUNG: 2 h — BACKZEIT: 30 Min.

ERGIBT: 4x Schafwolle — HINWEISE: Vegetarisch, vegan, laktosefrei, glutenfrei

SPEZIALWERKZEUGE: Zuckerthermometer; Silikon-Donut-Form

ZUTATEN

250 ml Wasser

5 Tropfen Lebensmittelfarbe, nach Belieben

2 Tropfen Flüssigaroma (optional)

400 g Zucker

75 g Maissirup

½ TL Weißweinessig

140 g Maisstärke

ZUBEREITUNG

1. In einem mittelgroßen Topf das Wasser, die Lebensmittelfarbe und das Flüssigaroma vermischen. Den Zucker, den Maissirup und den Essig hinzufügen, zügig alles miteinander vermischen und dann bei mittlerer Hitze 20 bis 25 Min. erwärmen bzw. so lange, bis das Ganze eine Temperatur von 131 °C erreicht.

2. Vom Herd nehmen, leicht abkühlen lassen und dann in die Donut-Form gießen. Bei Zimmertemperatur etwa 2 Stunden auskühlen lassen.

3. Die Arbeitsfläche mit Maisstärke bestäuben und eine der Zuckerscheiben aus der Form nehmen. Beide Seiten mit Maisstärke bestäuben und dann langsam mit den Fingern zu einem Strang von ca. 60 cm Länge auseinanderziehen. Die Zuckermasse zu einer 8 formen, die beiden Enden miteinander verdrehen und das Ganze erneut in die Länge ziehen. Wiederholt diesen Schritt insgesamt zwanzig Mal bzw. so lange, bis die Zuckerstränge so fein aussehen wie Wolle.

4. Etwas von der Masse abnehmen und vorsichtig zu einem Wollblock formen.

ANMERKUNG DES VERSORGERS:
Um das Ganze visuell ein bisschen aufzupeppen, teilt den Teig in vier Teile auf und färbt jeden davon anders ein, um mehrere Wollfarben zu bekommen.

GOLDAPFELKUCHEN

Dank *Minecraft* wissen wir, dass das richtige Essen heilsam sein kann, und dieser Goldapfelkuchen heilt garantiert alles, was euch plagt (jedenfalls, solange es sich dabei um Hungergefühle und das schier unbändige Verlangen nach einem Apfelkuchen handelt). Diese Äpfel verdanken ihren goldenen Glanz der Zugabe von Karamell, das gleichzeitig dafür sorgt, dass dieser Kuchen noch herzhafter, saftiger und cremiger wird.

SCHWIERIGKEITSGRAD: NORMAL

SPIELERTYP: Versorger | VORBEREITUNG: 1 Stunde, 30 Min. | BACKZEIT: 50 Min.
ERGIBT: 1 Kuchen (ca. 8 Port.) | HINWEISE: Vegetarisch | SPEZIALWERKZEUGE: Keine

ZUTATEN

KUCHENBODEN:

325 g Mehl Type 550

1 TL Salz

1 EL Kristallzucker

220 g ungesalzene kalte Butter, in kleine Würfel geschnitten

60 ml kaltes Wasser

FÜLLUNG:

8 große Granny-Smith-Äpfel, geschält, entkernt und in dünne Scheiben geschnitten

2 EL Zitronensaft

½ TL Vanilleextrakt

55 g Rohrzucker

50 g Kristallzucker

1 EL Maisstärke

1 TL Zimt

¼ TL Salz

60 g Karamellsoße

1 Ei

GARNITUREN:

1 Ei

1 TL Wasser

Hagelzucker, als Garnitur

ZUBEREITUNG

1. Zuerst den Kuchenboden zubereiten: In einer großen Schüssel das Mehl, das Salz und den Zucker vermischen.

2. Die Butterwürfel mit in die Schüssel geben und alles mit den Händen vermischen und zerdrücken, bis das Ganze gut vermengt und leicht krümelig ist.

3. Ein bisschen Wasser über die Teigmischung sprenkeln und durcharbeiten, bis sich ein Teig bildet. Sollte der Teig zu krümelig sein, noch etwas mehr Wasser hinzufügen.

4. Den Teig zu einer Kugel formen, in zwei Hälften teilen und jeweils zu einer Scheibe flachdrücken. Die Teigscheiben in Frischhaltefolie wickeln und für eine Stunde in den Kühlschrank legen.

5. Während der Teig abkühlt, den Backofen auf 205 °C vorheizen und die Füllung zubereiten: Die Äpfel, den Zitronensaft und die Vanille in einer großen Schüssel vermischen. In einer separaten Schüssel den Zucker, die Maisstärke, den Zimt und das Salz vermengen und über die Äpfel streuen. Alles so miteinander vermischen, dass die Apfelscheiben gleichmäßig mit der Mixtur überzogen sind.

6. Eine große Arbeitsfläche mit Mehl bestreuen und die beiden Teigscheiben darauf mit einem Nudelholz jeweils zu einem Durchmesser von ca. 30 cm ausrollen. Eine der Teigscheiben in eine Backform mit ca. 22 cm Durchmesser legen und am Boden und an den Seiten andrücken. Die Kanten mit den Fingerspitzen zusammendrücken. Die andere Teigscheibe in ca. 2,5 cm breite Streifen schneiden, um daraus später das Gitter oben auf dem Kuchen zu formen.

7. Alle überschüssige Flüssigkeit aus der Schüssel mit den Äpfeln abgießen. Die Apfelmischung dann in der Backform verteilen, die Oberseite glätten und die Karamellsoße gleichmäßig über die Äpfel träufeln.

8, Die Teigstreifen locker zu einem Gitter flechten, über den Kuchen breiten und mit den Fingern mit den Rändern des Kuchenbodens zusammendrücken.

9. Das Ei mit 1 EL Wasser verquirlen und mit der Eierlasur die Oberseite des Kuchens bestreichen. Mit dem Hagelzucker bestreuen.

10. Die Backform auf ein Backblech stellen und ca. 45 bis 50 Minuten backen bzw. so lange, bis die Kruste goldbraun ist und die Füllung blubbert. Aus dem Ofen nehmen und auf einem Drahtgitter eine Stunde abkühlen lassen. (Oder wie lange auch immer ihr dem Verlangen widerstehen könnt, euch über diese Köstlichkeit herzumachen.)

ANMERKUNG DES VERSORGERS:
Ihr habt nicht die Zeit, euren Kuchenboden selbst zu machen? Dann spart euch Schritt 5 und kauft euch alles Nötige im Laden! Das ist eine völlig akzeptable Mod.

DER KUCHEN

Dies wäre kein richtiges *Minecraft*-Kochbuch ohne ein Rezept für *den* Kuchen! Habt ihr es im Spiel bislang noch nicht geschafft, dieses Rezept zu craften? Dann ist dies eure Gelegenheit, das Ganze in eurer eigenen Küche zu versuchen – in Form eines Erdbeer-Shortcakes mit Schichten aus Erdbeerpüree und Buttercreme-Frosting, gekrönt mit Fondant und Erdbeerquadraten (und nach Belieben mit einer großen Kerze). Teilt diesen Kuchen mit anderen oder genießt ihn ganz allein – wer könnte es euch verübeln?

SCHWIERIGKEITSGRAD: SCHWER

SPIELERTYP: Fortschrittsjäger
VORBEREITUNG: 1 h
BACKZEIT: 30 Min.
ERGIBT: 1 Kuchen (ca. 10–14 Port.)
HINWEISE: Vegetarisch
SPEZIALWERKZEUGE: Mixer; zwei Backformen (á ca. 20 x 20 cm)

ZUTATEN

KUCHEN:

325 g Mehl

2½ TL Backpulver

½ TL Salz

170 g ungesalzene Butter, bei Zimmertemperatur

300 g Zucker

3 Eier, bei Zimmertemperatur

1½ TL Vanilleextrakt

300 ml Milch

ERDBEERPÜREE:

160 g frische Erdbeeren

1 EL Zucker

BUTTERCREME-FROSTING:

220 g ungesalzene Butter, bei Zimmertemperatur

1/8 TL Salz

200 g Puderzucker

1 TL Vanille

KUCHENDEKORATION:

340 g Fondant, ca. 3 mm dick ausgerollt

10 Erdbeeren in verschiedenen Größen

ZUBEREITUNG

1. Den Backofen auf 175 °C vorheizen. Zwei Backformen (ca. 20 x 20 cm) einfetten und bemehlen.

2.Den Kuchen zubereiten: In einer Schüssel das Mehl, das Backpulver und das Salz vermischen.

3. Die Butter und den Zucker in einem Standmixer leicht und fluffig aufschlagen.

4. Die Eier eins nach dem anderen zur Buttermischung hinzufügen und nach jedem Zugeben vollständig einarbeiten. Die Vanille untermischen.

5. Die Hälfte der trockenen Zutaten mit den flüssigen vermischen. Die Hälfte der Milch dazugeben und alles gut vermengen. Dies mit den übrigen trockenen Zutaten und der restlichen Milch wiederholen. Dabei darauf achten, dass alles sorgsam vermischt ist.

6. Die Hälfte der Kuchenmischung in jede Backform gießen.

7. 25 bis 30 Minuten backen bzw. so lange, bis ein Zahnstocher, den man in die Mitte der Kuchen pikst, beim Herausziehen sauber bleibt.

8. 10 Minuten in der Form abkühlen lassen, dann aus den Backformen entfernen und auf einem Drahtgitter vollständig abkühlen lassen.

9. Das Erdbeerpüree zubereiten: Die Erdbeeren und den Zucker in eine Schüssel geben und so lange pürieren, bis das Ganze schön dickflüssig ist.

10. Das Frosting zubereiten: Die Butter im Mixer leicht und fluffig aufschlagen. Langsam, nach und nach (jeweils eine Menge von 50 g), den Puderzucker hinzufügen und nach jedem Zugeben vollständig einarbeiten. Das Salz und die Vanille dazugeben und 2 Minuten schlagen bzw. so lange, bis das Buttercreme-Frosting zwar noch dickflüssig, aber zugleich schön leicht und fluffig ist.

11. Das Frosting in einen Spritzbeutel mit flacher Gebäckspitze füllen.

12. Einen Kuchenboden auf einen Servierteller legen und mit einer gleichmäßigen Schicht Erdbeerpüree bedecken. Mit dem Spritzbeutel eine Schicht Frosting darauf verteilen.

13. Den zweiten Kuchenboden nahtlos oben auf den anderen Kuchen legen.

14. Die obere Hälfte des Kuchens mit einem „Krümelmantel" versehen – einer dünnen Schicht Frosting, die quasi als „Grundierung" dient. Stoppen, sobald ihr die Füllung zwischen den Kuchenschichten erreicht.

15. Eine Lage Fondant über den Kuchen breiten und langsam nach unten hin glätten; dabei darauf achten, dass das Fondant die Füllung zwischen den Kuchenschichten vollständig bedeckt.

16. Mit einer Küchenschere oder einem Messer die Ränder des Fondants abschneiden, so, wie es auch beim *Minecraft*-Kuchen ist (siehe Bild).

17. Mit zehn unterschiedlich großen in dünne Quadrate geschnittenen Erdbeeren garnieren, damit das Ganze genauso aussieht wie der Kuchen im Spiel.

ZWEI-HAPPEN-KÜRBISKÜCHLEIN

Sofern man sich nicht gerade in der Oberwelt befindet, braucht es für die Zubereitung des perfekten Kürbiskuchens mehr als nur Kürbis, Zucker und Ei. Die Zutaten dieses Rezepts sorgen dafür, dass das eigentliche Highlight jedes Kuchens – die Kruste – voll zur Geltung kommt. Die Mürbeteig-Tarteletten bieten mit jedem Bissen ein wunderbares Gleichgewicht zwischen Füllung und Kruste und sorgen dafür, dass man dieses Dessert einfach zwischendurch beim Zocken genießen kann.

SCHWIERIGKEITSGRAD: NORMAL

SPIELERTYP: Versorger VORBEREITUNG: 10 Min. BACKZEIT: 25 Min.

ERGIBT: 30 bis 45 Mini-Kürbiskuchen (abhängig von der Größe eurer Tarteletten)

HINWEISE: Vegetarisch SPEZIALWERKZEUGE: Keine

ZUTATEN

30 mittelgroße oder 45 kleine Mürbeteig-Tarteletten (fertig gekauft)

400 g Kürbispüree (aus der Dose)

100 g Zucker

1 TL Zimt

½ TL gemahlener Ingwer

¼ TL Muskatnuss

¼ TL Salz

2 Eier

300 ml Kondensmilch

Schlagsahne, als Garnitur

ZUBEREITUNG

1. Den Backofen auf 190 °C vorheizen.
2. Die Tarteletten in eine Muffinform oder auf ein Backblech legen.
3. In einer Schüssel das Kürbispüree mit dem Zucker und den Gewürzen vermischen.
4. Die Eier eins nach dem anderen hinzufügen, und jedes einzeln gut untermischen.
5. Langsam die Kondensmilch dazugießen und einarbeiten, bis alles gut vermischt ist. Die Füllung ist sehr dünnflüssig, aber das ist in Ordnung!
6. Die Füllung in die Tarteletten gießen.
7. Die Küchlein vorsichtig in den Ofen geben und 25 Minuten backen bzw. so lange, bis ein Zahnstocher, den man in die Mitte pikst, beim Herausziehen sauber bleibt.
8. Aus dem Ofen nehmen und auf einem Drahtgitter abkühlen lassen.
9. Mit einem Klecks Schlagsahne auf jedem Küchlein servieren.

SCHOKO-CHUNK-KEKSE

Stellt euch an eure Werkbank und lasst euren süßen Gelüsten freien Lauf – wir backen Kekse! Und genau wie im Spiel verschafft euch dieses Rezept acht Stück davon. Allerdings kommt hierbei etwas anderes raus als die Weizen-Kakaobohnen-Kombination im Game. Vielmehr handelt es sich hierbei um relativ große Leckerchen mit knusprigem Rand, einer cremig-klebrigen Mitte und salzigem Crunch, um den Zucker und die Schokolade gekonnt zu ergänzen und so den perfekten Keks zu bekommen! Außerdem sorgen einige quadratische Schokostückchen oben auf den Keksen dafür, dass sie genauso aussehen wie die im Spiel.

SCHWIERIGKEITSGRAD: NORMAL

SPIELERTYP: Versorger VORBEREITUNGSZEIT: 1 h, 15 Min. BACKZEIT: 12 Min.

ERGIBT: 8 große Kekse HINWEISE: Vegetarisch

SPEZIALWERKZEUGE: Mixer; Teigportionierer (ca. 7 cm Ø)

ZUTATEN

220 g gesalzene Butter

220 g Rohrzucker

100 g Zucker

2 Eier

1 TL Vanilleextrakt

325 g Mehl

1 TL Salz

¾ TL Backpulver

250 g dunkle Schokoladenstückchen

65 g gehackte Walnüsse (optional)

Salzflocken, zum Garnieren

ZUBEREITUNG

1. Die Butter mit einem Mixer leicht und cremig aufschlagen. Den Rohrzucker und den Zucker einarbeiten.
2. Nacheinander, eins nach dem anderen, die Eier hinzufügen und nach jedem Zugeben durchmischen. Die Vanille dazugeben und vollständig einarbeiten.
3. In einer separaten Schüssel das Mehl, das Salz und das Backpulver vermischen, dann langsam zu den flüssigen Zutaten geben und einarbeiten, bis alles gut vermengt ist.
4. Die Schokostückchen unterrühren. Optional könnt ihr jetzt auch gehackte Walnüsse hinzufügen.
5. Die Schüssel mit dem Keksteig mit Frischhaltefolie abdecken und für eine Stunde in den Kühlschrank stellen.
6. 15 Minuten bevor der Keksteig aus dem Kühlschrank kommt, den Ofen auf 190 °C vorheizen. Die Backbleche mit Backpapier auslegen.
7. Mit dem Teigportionierer runde Teigbälle auf das Backpapier fallen lassen; dabei darauf achten, dass sich zwischen den Teigbällen mindestens 5 cm Abstand befinden. Die Kekse mit einer kleinen Prise Salzflocken bestreuen und das Salz leicht in den Teig drücken.
8. 13 bis 15 Minuten backen bzw. so lange, bis die Ränder der Kekse hellbraun sind.
9. Fünf Minuten auf dem Blech abkühlen lassen, dann auf einem Drahtgitter vollständig auskühlen lassen.

MAGMACREME-TRÜFFEL

Diese Trüffel sehen aus wie Magmacremes, und mit ihrem würzigen, pikanten, cremigen Aroma schmecken sie vielleicht auch ganz genau so! Um euer eigenes Lieblingsaroma herauszarbeiten, beginnt mit einem weißen Schoko-Mango-Trüffel und gebt dann eine Mischung aus Chili, Limette und Salz dazu, um dem Ganzen einen besonderen Kick zu verleihen. Trotzdem noch nicht würzig genug? Dann fügt der Trüffelmasse noch ein, zwei Prisen mehr von der Gewürzmischung hinzu.

SCHWIERIGKEITSGRAD: SCHWER

SPIELERTYP: Kämpfer | VORBEREITUNG: 2 h | KOCHZEIT: 10 Min.

ERGIBT: 30 Trüffel | HINWEISE: Vegetarisch, glutenfrei | SPEZIALWERKZEUGE: Teigportionierer

ZUTATEN

60 g Sahne

350 g weiße Kuvertüre, grob gehackt

7 EL ungesalzene Butter

50 g Mangopüree

½ TL Chili-Limetten-Salz sowie noch etwas mehr, als Garnitur

340 g weiße Candy Melts

Grüne, gelbe und rote Lebensmittelfarbe

ZUBEREITUNG

1. In einem mittelgroßen Topf bei niedriger Hitze die Sahne wärmen, bis sie köchelt (ca. 30 Sekunden).

2. Den Herd ausschalten und langsam, nach und nach, die weiße Kuvertüre in die Mischung geben. Rühren, bis die Schokolade vollständig geschmolzen und alles gut vermischt ist. Die Butter in kleine Stücke schneiden und einarbeiten, bis sie komplett geschmolzen ist. (Sollte eure Mixtur zu schnell abkühlen, den Herd auf niedriger Stufe wieder einschalten.) Das Mangopüree und das Chili-Limetten-Salz dazugeben und umrühren, bis alles vollständig vermischt ist.

3. Die Trüffelmischung auf eine mit Backpapier ausgelegten Pastetenform oder in eine flache Auflaufform gießen. Für zwei Stunden in den Kühlschrank stellen bzw. so lange, bis die Masse zwar fest, aber noch gut portionierbar ist.

4. Die Trüffelmischung aus dem Kühlschrank nehmen und mit einem Teigportionier einen gutgefüllten Teelöffel der Masse entnehmen. . Zu einem Ball formen und auf einen mit Küchenpapier ausgelegten Teller legen. Dies mit der übrigen Mischung wiederholen. Die Trüffelbällchen dann 30 Minuten im Kühlschrank kaltstellen.

5. Über einem Wasserbad oder in der Mikrowelle die Candy Melts erwärmen, bis die Schokolade vollständig geschmolzen ist. Die flüssige Schokolade glattrühren. Jeweils einen Tropfen grüne, gelbe und rote Lebensmittelfarbe hineingeben und einmal kurz durchrühren, aber keinesfalls so stark, dass sich die Farben vermischen!

6.Die Trüffelbällchen aus dem Kühlschrank nehmen und in die geschmolzene Schokolade tauchen. Die schokoüberzogenen Trüffel auf einen mit Wachspapier ausgelegten Teller oder ein Backblech geben und mit einer Prise der Gewürzmischung bestreuen. Vor dem Verzehr vollständig aushärten lassen.

FEUERWERKSSTERN-KEKSE

Diese knisternden Kekse ähneln den Feuerwerkssternen, die ihr im Spiel craften könnt, und dank der Knisterbrause fühlt es sich beim Essen so an, als würde in eurem Mund ein Feuerwerk explodieren! Verwendet Knisterbrause in den Farben, die ihr am liebsten mögt, um ein Feuerwerk zu kreieren, wie die Oberwelt es noch nicht gesehen hat!

SCHWIERIGKEITSGRAD: NORMAL

SPIELERTYP: Erfinder
VORBEREITUNG: 2 h, 25 Min.
BACKZEIT: 12 Min.
ERGIBT: 20 Kekse
HINWEISE: Vegetarisch, laktosefrei
SPEZIALWERKZEUGE: Mixer

ZUTATEN

TEIG:

200 g Kristallzucker

45 g ungesüßtes Kakaopulver

60 ml Pflanzenöl

2 Eier

1 TL Vanilleextrakt

130 g Mehl Type 550

1 TL Backpulver

1 TL Espressopulver

¼ TL Salz

ZUM BESTREUEN:

50 g Kristallzucker

25 g Puderzucker

Rote, blaue und grüne Knisterbrause, nach Belieben

ZUBEREITUNG

1. Den Teig zubereiten: Den Kristallzucker und das Kakaopulver in die Schüssel eines Standmixers geben und vermischen. Das Pflanzenöl dazugießen. Dann die Eier eins nach dem anderen hinzufügen, und jedes einzeln gut einarbeiten. Die Vanille unterrühren.

2. In einer kleinen Schüssel das Mehl, das Backpulver, das Espressopulver und das Salz vermischen und dann mit in die Rührschüssel geben. Durcharbeiten, bis alles gut vermischt ist.

3. Die Schüssel mit Frischhaltefolie abdecken und mindestens zwei Stunden in den Kühlschrank stellen.

4. Den Backofen auf 175 °C vorheizen und zwei Backbleche mit Backpapier auslegen.

5. Die 50 g Kristallzucker, den Puderzucker und die rote Knisterbrause in drei separate kleine Schüsseln geben. Eure Hände mit Puderzucker bestreuen und jeweils 1 EL Teig zurzeit zu ca. 3 cm großen Bällchen formen. Die Teigbällchen erst im Kristallzucker wälzen, dann ringsum mit einer dicken Schicht Puderzucker versehen und schließlich in der roten Knisterbrause wenden.

6. Die Zuckerkugeln auf die Bleche geben und ca. 10 bis 12 Minuten backen, bis die Kekse aufgegangen und an der Oberseite eingerissen sind. Die Kekse fühlen sich jetzt noch etwas weich an, werden aber fester, wenn sie abkühlen.

7. Die Kekse auf den Blechen 5 Minuten abkühlen lassen, dann zum vollständigen Auskühlen auf ein Drahtgitter geben.

REDSTONE-BROWNIE-BLÖCKE

Diese Redstone-Blöcke strotzen nur so vor Energie, wenn man sie einschneidet. Aber keine Sorge: Ihr müsst für die Zubereitung nicht euren Vorrat an Redstone-Staub plündern! Stattdessen machen wir diese Blöcke mit viel, viel Schokolade. Dieses von rotem Samt und mexikanischer heißer Schokolade inspirierte Rezept bietet einen Hauch Würze, um den Brownies einen besonderen Kick zu verleihen.

SCHWIERIGKEITSGRAD: SCHWER

SPIELERTYP: Erfinder
VORBEREITUNG: 1 Stunde, 30 Min.
KOCHZEIT: 18 Min.
ERGIBT: 4 bis 6 (je nach Größe der Förmchen/des Blechs)
HINWEISE: Vegetarisch
SPEZIALWERKZEUGE: Quadratisches Muffin-/Brownie-Blech (mit ca. 6-7 cm tiefen Mulden) oder vier Auflaufförmchen; Mixer

ZUTATEN

SCHOKOMISCHUNG:

60 g Crème double

60 g Zartbitterkuvertüre, grob gehackt

2 Prisen Zimt

1 Prise Cayennepfeffer

1 Prise Chilipulver

BROWNIES:

1½ TL ungesüßtes Kakaopulver sowie noch etwas mehr zum Bestäuben der Förmchen

110 g gesalzene Butter

100 g Kristallzucker

1 Ei

½ TL Vanilleextrakt

130 g Weizenmehl Type 550

½ TL Backpulver

½ TL Salz

80 ml Buttermilch

1 TL rote Gel-Lebensmittelfarbe

1 TL Weißweinessig

ZUBEREITUNG

1. Die Schokomischung zubereiten: In einem kleinen Topf die Crème double zum Köcheln bringen. Vom Herd nehmen, die Schokostückchen hineingeben und umrühren, bis sie vollständig geschmolzen sind. Den Zimt, das Chilipulver und den Cayennepfeffer dazugeben und noch einmal durchrühren. In eine Pastetenform oder eine flache Schüssel geben und für eine Stunde in den Kühlschrank stellen bzw. so lange, bis die Schokomasse fest ist.

2. Den Backofen auf 175 °C vorheizen. Sechs Mulden eurer Muffinform oder vier Auflaufförmchen einfetten, mit Kakaopulver bestäuben und den Überschuss abklopfen.

3. In einem Standmixer die Butter und den Zucker leicht und fluffig aufschlagen; zwischendrin die Seiten der Schüssel abkratzen.

4. Das Ei zur Buttermischung geben und komplett einarbeiten. Die Vanille untermischen.

5. In einer Schüssel das Mehl, das Kakaopulver, das Backpulver und das Salz vermischen.

6. Die Buttermilch und die rote Lebensmittelfarbe vermischen. Beiseitestellen.

7. Die Hälfte der trockenen Zutaten in die feuchte Mischung einarbeiten. Die Hälfte der Buttermilch dazugeben und einarbeiten. Dies mit den restlichen trockenen Zutaten und der übrigen Buttermilch wiederholen. Anschließend den Essig hinzufügen, die Seiten der Schüssel abkratzen und nochmals gründlich durchmischen.

8. Den Teig in die Mulden der Muffinform bzw. die Auflaufförmchen gießen und jeweils zu ⅔ füllen.

9. Von der abgekühlten Schokoladenmischung ½ EL abnehmen und zu einer Kugel formen. In die Mitte des Teigs setzen. Dies wiederholen, bis in jeder Mulde bzw. jedem Förmchen eine Schokoladenkugel ist. (Die Schokolade sinkt beim Backen nach unten, ihr müsst sie also nicht eigens reindrücken.)

10. Ca. 18 Minuten backen bzw. so lange, bis ein Zahnstocher, den man seitlich in die Brownie-Masse pikst, beim Herausziehen sauber bleibt. (Die Kuchenmitte ist zwar noch recht flüssig, aber nicht mehr „wabbelig".)

11. Zwei Minuten abkühlen lassen, dann mit einem dünnen Messer an den Rändern entlangfahren, um die Brownie-Masse aus den Formen zu lösen, und auf einen Servierteller stürzen, sodass die Stücke „kopfüber" auf dem Teller liegen. Warm servieren.

AUFBRECHBARE ERDBLÖCKE

Habt ihr euch nach langen *Minecraft*-Sessions je gewünscht, auch im wahren Leben Bäume umhauen oder Steinblöcke zertrümmern zu können, ohne ernsthaft eure Gesundheit zu gefährden? Falls ja, dann ist jetzt die Zeit gekommen! Brecht diese Schokoblöcke auf, um die Köstlichkeit darin zu enthüllen!

SCHWIERIGKEITSGRAD: NORMAL

SPIELERTYP: Baumeister VORBEREITUNG: 3 h BACKZEIT: 10 Min.

ERGIBT: 4 Erdblöcke HINWEISE: Vegetarisch

SPEZIALWERKZEUGE: Mixer mit Schneebesenaufsatz; Silikon-Eiswürfelform (mit 5 cm großen Mulden)

ZUTATEN

MOUSSE-FÜLLUNG:

3 EL ungesalzene Butter

170 g Zartbitterkuvertüre, grob gehackt

3 große Eier, Eigelb und Eiweiß getrennt

½ TL Weinstein

50 g Kristallzucker zzgl. 2 EL

120 g Sahne, kalt

½ TL Vanilleextrakt

SCHOKOBLOCK:

350 g Zartbitterkuvertüre, grob gehackt

ZUSÄTZLICHE GARNIERUNGEN:

12 Schokoladenkekse, zerbröselt

8 Fruchtgummiwürmer

ZUBEREITUNG

1. Die Mousse-Füllung zubereiten: Über einem Wasserbad die Butter und die Schokolade schmelzen und glattrühren. Einige Minuten abkühlen lassen, dann ein Eigelb nach dem anderen einquirlen und nach jedem Zugeben vollständig einarbeiten.

2. Mit einem Mixer mit Schneebesenaufsatz bei mittlerer bis hoher Geschwindigkeit das Eiweiß schaumig schlagen. Den Weinstein dazugeben und durcharbeiten, bis sich weiche Spitzen bilden. Langsam, nach und nach, 50 g Kristallzucker hinzufügen und schlagen, bis sich steife Spitzen bilden.

3. Die Eiweißmischung unter die Schokolade heben und beiseitestellen.

4. Die Sahne in eine gekühlte Rührschüssel geben und mit einem Mixer mit Schneebesenaufsatz verquirlen. Langsam, nach und nach, den restlichen Zucker und das Vanilleextrakt dazugeben. So lange verquirlen, bis sich halbfeste Spitzen bilden. Die Schlagsahne dann unter die Schokomischung heben.

5. Die Schokomousse-Mischung in einen großen Spritzbeutel oder einen verschließbaren Gefrierbeutel geben und für mindestens zwei Stunden in den Kühlschrank legen.

6.Den Schokoblock zubereiten: Über einem Wasserbad die Zartbitterkuvertüre schmelzen und ¼ der flüssigen Schokolade in jede Mulde der Eiswürfelform füllen. Gleichmäßig verteilen und die Böden und alle Seiten der Mulden mit einem Spatel oder einem Messer glattstreichen, sodass alle Kanten bedeckt werden. Die Form kopfüber über die Schüssel mit der Schokolade oder ein Blatt Backpapier halten und ein paarmal dagegen klopfen, um überschüssige Schokolade zu entfernen. Dann wieder umdrehen und mindestens 5 Minuten in den Kühlschrank stellen bzw. so lange, bis die Schokolade ausgehärtet ist.

7. Zum Servieren den Spritzbeutel mit der Mousse aufschneiden oder eine Ecke des Gefrierbeutels abschneiden und etwas von der Mousse jeweils so auf die Mitte von vier Serviertellern spritzen, dass ihr ein festes Quadrat von ca. 4 bis 5 cm Breite bekommt. Die Mousse mit Keksbrösel bestreuen, dann noch mehr Mousse und noch mehr Brösel darauf geben. Jeweils mit zwei Fruchtgummiwürmern garnieren.

8. Die Schokoblöcke vorsichtig aus den Mulden drücken und jeweils einen Block direkt über jede angerichtete Mousse stülpen. Um diese Köstlichkeit zu genießen, solltet eure Gäste ein Messer, eine Gabel oder eine andere Kleinwaffe ihrer Wahl verwenden, um die Hülle des „Erdblocks“ aufzubrechen. Die aufgebrochene Schokohülle zusammen mit der Mousse genießen!

GETRÄNKE

CREEPER-PUTZER

Es gibt nichts Schlimmeres, als ein neues Bauwerk fertigzustellen und dann plötzlich das grässliche Zischen eines Creepers zu hören, der unvermittelt auftaucht und alles ruiniert, was ihr so mühsam aufgebaut habt. Letztlich bleibt euch nichts anderes übrig, als die Trümmer einzusammeln und noch mal von vorn anzufangen. Die Arbeit eines ganzen Tages … dahin! So mancher Morgen im wahren Leben kommt einem genauso vor – auch ohne Creeper. Vielleicht habt ihr gestern Abend zu lange gezockt oder euer Schlaf wurde von feindlichen Mobs gestört (z. B. von den bellenden Hunden des Nachbarn). Dann verbannt diese Creeper-Vibes mit diesem grünen, limoartigen Gebräu voller Elektrolyte, Antioxidantien, Obst und Gemüse aus eurem Bewusstsein! Dies ist eine großartige Möglichkeit, den Tag mit einer Extraportion frischer Energie neu zu starten!

SCHWIERIGKEITSGRAD: EINFACH

SPIELERTYP: Baumeister | VORBEREITUNG: 5 Min. | GARZEIT: Keine

ERGIBT: 1 Getränk (450 ml) | HINWEISE: Vegetarisch, laktosefrei, glutenfrei

SPEZIALWERKZEUGE: Küchenmaschine; Sieb

ZUTATEN

240 ml Kokoswasser

Saft von einer Zitrone (ca. 60 ml)

30 g Spinat

1 grüner Apfel, entkernt und in Scheiben geschnitten

1 Selleriestange, ohne die Enden, in 4 große Stücke geschnitten

1 kleines Stück Ingwer, geschält

1 EL Honig

5 Eiswürfel

ZUBEREITUNG

1. Alle Zutaten abgesehen von den Eiswürfeln in einen Mixer geben und zwei Minuten durcharbeiten bzw. so lange, bis das Ganze schön geschmeidig ist.
2. Durch ein Sieb in ein mit den Eiswürfeln gefülltes Glas gießen.

TRANK DER NACHTSICHT

Werden die Vitamine in diesem von Karottenkuchen inspirierten Smoothie eure Nachtsicht verbessern? Immerhin ist dieser Trank voll von gesunden, sättigenden Zutaten und schmeckt zudem auch noch köstlich. Zuallermindest werdet ihr nach ein paar Schlucken das Gefühl haben, als würde alles um euch herum ein bisschen heller strahlen.

SCHWIERIGKEITSGRAD: EINFACH

SPIELERTYP: Versorger VORBEREITUNG: 5 Min. GARZEIT: Keine

ERGIBT: 1 Getränk (350 ml) HINWEISE: Vegetarisch, vegan, laktosefrei, glutenfrei

SPEZIALWERKZEUGE: Küchenmaschine

ZUTATEN

240 ml Kokosmilch

60 g TK-Karotten

1 Banane, gefroren

60 g Vanillejoghurt

½ TL Vanilleextrakt

¼ TL Zimt

1 Prise gemahlener Ingwer

1 Prise Muskatnuss sowie noch etwas mehr, als Garnitur

ZUBEREITUNG

1. Alle Zutaten in einen Mixer geben und auf hoher Stufe eine Minute pürieren bzw. so lange, bis das Ganze schön glatt und geschmeidig ist.

2. In ein Glas gießen und mit einer weiteren Prise Muskatnuss garnieren.

ÜBERLEBENSLIMO

Wir kennen das alle: Man tut sein Bestes, um die Nacht über wach zu bleiben und sich vor fiesen Mobs in Acht zu nehmen, oder ihr habt bis in die Puppen *Minecraft* gespielt und ihr braucht etwas, das euch wieder in Schwung bringt, wenn die Sonne schließlich aufgeht. Dieses Getränk kombiniert Kaffee und Cola zu einem leckerer Koffein-Doppelschlag. Besser als diese Überlebenslimo sind bloß ein Bett und eine Mütze Schlaf!

SCHWIERIGKEITSGRAD: EINFACH

SPIELERTYP: Kämpfer
VORBEREITUNG: 2 Min.
GARZEIT: Keine
ERGIBT: 1 Glas
HINWEISE: Vegetarisch, glutenfrei
SPEZIALWERKZEUGE: Cocktailshaker

ZUTATEN

Eiswürfel

1 Tässchen Espresso

30 ml Zuckersirup

240 ml Cola

Schlagsahne, als Garnitur

ZUBEREITUNG

1. Einen Cocktailshaker mit Eis füllen und den Espresso und den Zuckersirup hineingeben. So lange schütteln, bis der Mixbecher außen kalt ist.

2. Ein hohes Glas halb mit Eis füllen und die Espresso-Mischung durch ein Sieb hineingeben. Mit der Cola aufgießen und mit Schlagsahne krönen.

SCHLEIMBALL-TEE

Was tun mit einem Übermaß an Schleimbällen? Sie mögen ein bisschen eklig wirken, aber wenn ihr sie dazu verwendet, um klebrige Kolben und Schleimblöcke herzustellen, eröffnet sich euch eine breite Palette kreativer Möglichkeiten! Warum diese seltsame Zutat also nicht mit einer schleimgrünen Version von Bubble Tea mit Matcha und Tapioka-Perlen kombinieren? Dieses Getränk sieht vielleicht aus wie Sumpfwasser, ist aber um einiges schmackhafter! Versprochen.

SCHWIERIGKEITSGRAD: EINFACH

SPIELERTYP: Kämpfer

VORBEREITUNG: 2 Min.

GARZEIT: 20 Min.

ERGIBT: Ein Getränk (350ml)

HINWEISE: Vegetarisch, vegan, laktosefrei, glutenfrei

SPEZIALWERKZEUGE: Keine

ZUTATEN

50 g Kristallzucker

60 ml Wasser

30 g Tapioka-Perlen

1 TL Matcha-Pulver

30 ml heißes (aber nicht kochendes!) Wasser

Eis

240 ml Milch, je nach Ernährungsanforderungen

ZUBEREITUNG

1. Stellt zuerst einen einfachen Zuckersirup her, indem ihr den Zucker und das Wasser bei niedriger bis mittlerer Hitze in einen kleinen Topf gebt und umrührt, bis sich der Zucker vollständig aufgelöst hat. Dann vom Herd nehmen und beiseitestellen.

2. Als nächstes die Tapioka-Perlen in einen kleinen Topf mit kochendem Wasser geben und so lange umrühren, bis die Perlen schließlich an der Oberfläche treiben. Die Hitze dann auf mittel reduzieren und nach Packungsanleitung garen (ca. 12 Minuten). Die Perlen abgießen und in den Zuckersirup geben. Abkühlen lassen.

3. Das Matcha-Pulver mit etwas heißem Wasser verquirlen, bis sich das Pulver vollständig aufgelöst hat und die Mischung zu schäumen beginnt.

4. Die gegarten Tapioka-Perlen zusammen mit etwas von dem Zuckersirup in ein hohes Glas füllen. Dann das Eis, die Milch und den Matcha hinzufügen. Zügig ein paarmal durchrühren, damit sich die Zutaten miteinander vermischen und das Gebräu grün wird. Mit einem extra breiten Strohhalm servieren, damit ihr die „Schleimbälle" dadurch aufsaugen könnt.

ANMERKUNG DES KÄMPFERS:
Falls ihr knallgrüne Boba-Perlen findet, könnt ihr anstelle der Tapioka-Perlen auch die verwenden, was für zusätzliche Farbe und noch mehr Geschmack sorgt. In diesem Fall könnt ihr die Schritte 1 und 2 überspringen, da die Boba-Perlen bereits vorgegart und in Sirup eingelegt sind.

TRANK DES SCHILDKRÖTENMEISTERS

Dieser „Trank“ wird euch helfen, Schildkröten zu kontrollieren – jedenfalls, so lange sie aus Schokolade, Pekannüssen und Karamell bestehen! Dies ist ein von Schildkröten inspirierter Schoko-Milchshake, der euch nach einem stressigen Tag voller Craften, Erkunden und emsiger Geschäftigkeit die Möglichkeit gibt, auf dekadente Weise ein bisschen zu entspannen.

SCHWIERIGKEITSGRAD: EINFACH

SPIELERTYP: Entdecker
VORBEREITUNG: 5 Min.
GARZEIT: 30 Sek.
ERGIBT: 1 Milchshake
HINWEISE: Vegetarisch, glutenfrei
SPEZIALWERKZEUGE: Küchenmaschine

ZUTATEN

150 g Schokoladeneis

120 ml Milch

3 EL Karamellsoße

10 Pekannüsse, gehackt

Schlagsahne, als Garnitur

Zusätzliche Karamellsoße und Pekannüsse, als Garnitur

ZUBEREITUNG

1. Die Eiscreme, die Milch, die Karamellsoße und die Pekannüsse in einen Mixer geben. 30 Sekunden durcharbeiten bzw. so lange, bis alles vollständig miteinander vermischt ist.

2. In ein hohes Glas gießen und mit Schlagsahne garnieren. Mit ein paar gehackten Pekannüssen bestreuen und mit etwas zusätzlicher Karamellsoße beträufeln.

TNTEE

Es ist Morgen, und ihr wollt den Tag mit einem Knall beginnen. Also brüht euch eine Tasse dieses süßen, zimtigen schwarzen Tees, der euch die Energie verschafft, die ihr braucht, um euch den Herausforderungen zu stellen, die da draußen auf euch warten. Wappnet euch für eine Explosion, wenn ihr euch die ersten Schlucke dieses Tees genehmigt – dieses Gebräu wird euch wachrütteln!

SCHWIERIGKEITSGRAD: EINFACH

SPIELERTYP: Erfinder
VORBEREITUNG: 2 Min.
ZIEHZEIT: 3 Min.
ERGIBT: 1 Tasse Tee
HINWEISE: Vegetarisch, vegan, laktosefrei, glutenfrei
SPEZIALWERKZEUGE: Teebeutel

ZUTATEN

1 TL schwarzer Tee

¼ TL Dekorzucker

¼ TL Knisterbrause

1 Prise Zimt

ZUBEREITUNG

1. Alle Zutaten in einer kleinen Schüssel vermischen und dann in einen Teebeutel geben. (Falls ihr mehr als eine Portion auf einmal aufbrühen wollt, multipliziert die Zutatenmenge entsprechend und gebt dann 1½ TL TNTee in jeden Beutel.)

2. Taucht die Teebeutel in heißes Wasser und lasst den Tee 3 bis 5 Minuten ziehen – je nachdem, wie kräftig euer TNTee sein soll.

CHORUSFRUCHT-SCHORLE

Wenn ihr es bis zum Ende geschafft habt und euch der Sinn nach einem erfrischenden Getränk steht, dann wird diese Chorusfrucht-Schorle euch ins Paradies entführen! Bei diesem Rezept kommen statt der namensgebenden Frucht Blaubeeren zum Einsatz. Außerdem enthält diese Schorle ein bisschen sprudeliges Mineralwasser, um euch frischen Elan zu verleihen – ob ihr nun wollt oder nicht!

SCHWIERIGKEITSGRAD: EINFACH

SPIELERTYP: Entdecker VORBEREITUNG: 5 Min. GARZEIT: Keine

ERGIBT: Ein Getränk (180 ml) HINWEISE: Vegetarisch, vegan, laktosefrei, glutenfrei

SPEZIALWERKZEUGE: Barstößel; Cocktailshaker

ZUTATEN

15 Blaubeeren sowie weitere Beeren zum Garnieren

5 frische Minzblätter sowie ein zusätzliches Blatt zum Garnieren

Eis

25 ml Zuckersirup

25 ml Limettensaft

100 ml sprudeliges Mineralwasser

ZUBEREITUNG

1. Die Blaubeeren und die Minzblätter am Boden eines Cocktailshakers mit dem Stößel oder dem Rücken eines Esslöffels leicht zerdrücken.
2. Das Eis, den Zuckersirup und den Limettensaft hinzufügen und so lange shaken, bis der Mixbecher von außen kalt ist.
3. In ein Glas mit Eis abseihen und mit sprudeligem Mineralwasser aufgießen.
4. Vorsichtig umrühren und mit einem Heidelbeer-Minz-Spieß garnieren.

MINECRAFT-MENÜPLANER

MINECRAFT-MENÜPLANER

Im selben Maße die Menge der Rezepte in eurem Repertoire zunimmt, wird dies auch eure Küchenkreativität tun. Betrachtet jedes Rezept, das ihr lernt, als neuen Block, den ihr mit anderen verbinden könnt, um endlose Kombinationen köstlicher Mahlzeiten zuzubereiten. Hier findet ihr einige Menü-Vorschläge. Wählt einfach eure bevorzugte Spielweise und lasst eurer Phantasie freien Lauf!

ENTDECKER-PICKNICK

REZEPTE

Blumenwald-Salat, S. 19

Nudelhöhlen, S. 38

Wirrwald-Pizza, S. 43

Chorusfrucht-Schorle, S. 111

Marshmallow-Wolken, S. 65

Sucht euch eine schöne Wiese in der Nähe eures Zuhauses und plant ein Picknick für ein paar eurer Entdecker-Freunde! Beginnt mit einem **Blumenwald-Salat** (ihr könnt natürlich auch neue Blüten hinzufügen, die ihr unterwegs findet!) und haltet einige **Nudelhöhlen** und **Wirrwald-Pizza** parat, damit sich alle davon bedienen können – beide Gerichte sind auch dann köstlich, wenn sie nicht warm gereicht werden. Serviert ein paar **Chorusfrucht-Schorlen**, um den Durst eurer Gäste zu stillen, und beschließt euer Picknick mit einigen **Marshmallow-Wolken**, während ihr euch entspannt und die echten Wolken beobachtet, die über euch über den Himmel ziehen.

VERSORGER-MITTAGSPAUSE

REZEPTE

Ebenen-Kebab , S. 40

Röstgemüse, S. 24

Kartoffelbissen, S. 27

Schoko-Chunk-Kekse, S. 85

Nachdem ihr bei der Feld- oder Farmarbeit so richtig ins Schwitzen gekommen seid, habt ihr euch eine reiche Ernte verdient! Dieses Menü ist sowas wie eine Belohnung für euch selbst, um all eure harte Arbeit zu würdigen. Grillt ein paar **Ebenen-Kebabs** und serviert sie zusammen mit **Röstgemüse** und **Kartoffelbissen** als Beilage. Beschließt eure Mahlzeit mit einem Korb riesiger **Schoko-Chunk-Kekse**, denn es wird Zeit, dass ihr euch selbst etwas Gutes tut!

BAUHERREN-BRUNCH

REZEPTE

Creeper-Putzer, S. 99

Ackerland-Smörgåstårta, S. 58

Inventarbrot, S. 20

Schlamm-Brownies, S. 68

Glasierte Keramikkekse, S. 72

Ein gutes Frühstück ist der Grundstock für einen erfolgreichen Tag ▯ und ein guter Baumeister weiß, wie man seinen Tag richtig beginnt! Stockt euren Vitaminvorrat mit einem frisch zubereiteten **Creeper-Putzer** auf und genießt dann eine Scheibe **Ackerland-Smörgåstårta** zusammen mit ein paar Blöcken **Inventarbrot**. Beendet die Mahlzeit schließlich mit etwas Süßem, um euch in eine positive Stimmung zu versetzen, am besten mit **Schlamm-Brownies** oder **Glasierten Keramikkeksen**.

REZEPTE

Hühnerreiter-Sandwich, S. 41

Drachenatem, S. 31

Magmacreme-Trüffel, S. 86

Schleimball-Tee, S. 104

KÄMPFER-MAHL

Kommt euch jeder Tag wie ein einziger Kampf vor? Mit diesem Menü fühlt ihr euch definitiv wie ein Gewinner! Serviert **Hühnerreiter-Sandwiches** mit einem Beilagensalat mit **Drachenatem**-Dressing, ehe ihr euch zum Dessert **Magmacreme-Trüffel** und ein Glas **Schleimball-Tee** gönnt.

REZEPTE

TNTee, S. 108

Redstone-Brownie-Blöcke, S. 90

Feuerwerksstern-Kekse, S. 89

ERFINDER-BRAINSTORMING

Seht ihr euch mit einem scheinbar unlösbaren Problem konfrontiert, wird es Zeit, eine kleine Pause einzulegen und ein paar dieser süß-würzigen Leckereien zu genießen, um eurer nachlassenden Kreativität neuen Schwung zu verleihen. Brüht etwas **TNTee** auf und genießt ihn zusammen mit **Redstone-Brownie-Blöcken** und ein, zwei **Feuerwerksstern-Keksen**. Der schwarze Tee wird euch wieder munter machen, während die Knisterbrause im Tee und in den Keksen wie auch das Chilipulver in den Brownies euch zu neuen Höchstleistungen anspornen!

ÜBER DIE AUTORIN

Tara Theoharis ist die Schöpferin des Rezept- und Partyblogs „The Geeky Hostess“ und die Autorin von *Das Musical-Kochbuch – Bühne frei für Schlemmerei!*. Sie liebt es, von ihren Lieblings-Franchises inspirierte, leicht zugängliche Rezepte zu kreieren. Wenn sie nicht gerade in der Küche herumexperimentiert, macht sie gerne TV-Serienmarathons oder spielt zusammen mit ihrem Mann und ihrem Sohn Videospiele. Tara Theoharis lebt in Seattle, USA.

DANKSAGUNG

- Vielen Dank an meine Souschefs und Vorkoster Alexander und Leonidas Theoharis. Ohne euch hätte ich das hier nicht geschafft.
- Danke an meine Agentin Maria Vicente und meine Redakteure Harrison Tunggal und Rick Chillot für all ihre Unterstützung während der Produktion dieses Buches.
- Vielen Dank an die Mitglieder von Sparklopolis Realm, die mich in ihr Zuhause eingeladen und mir eine großartige Tour durch ihre Schöpfungen gegeben haben.
- Danke an Alex Wiltshire, Sherin Kwan, Audrey Searcy, Kristina Horner, Liz Leo und alle bei Mojang und Microsoft für ihre Unterstützung bei diesem Buch – und natürlich für die Produktion von *Minecraft!*
- Vielen Dank an meine Rezepttester: Christina und Trevor Airey, Zachary Cohn, Sarah Gulde, Katrina Hamilton, Ahva Pordel, Jaclyn Trahanas, Mike und Lucy Turian, Gavin Verhey sowie Lauryl Zenobi und David Zimmermann.
- Und schließlich: Danke, *Minecraft,* dass du uns allen einen Ort zum Erkunden, Kreieren und Spaß haben schenkst.

NOTIZEN

NOTIZEN

NOTIZEN

NOTIZEN

NOTIZEN

NOTIZEN

NOTIZEN

NOTIZEN

Herausgegeben von Cross Cult / Inh. Andreas Mergenthaler,
Teinacher Straße 72, 71634 Ludwigsburg

Finde uns auf Facebook: www. facebook.com/CrossCult
Folge uns auf Twitter: @crosscult

Verlagsleitung: Luciana Bawidamann
Programmleitung Comics und Korrektorat: Jenny Franz
Übersetzung: Andreas Kasprzak
Lektorat: Silvano Loureiro Pinto
Lettering / Layout: Sarah Mast
Leitung Produktion / Grafik: Elke Epple
Leitung Vertrieb: Peter Sowade
Marketing: Jana Rahders

September 2023

ISBN: 978-3-98666-302-5

www.cross-cult.de

Manufactured in China by Insight Editions

INSIGHT EDITIONS

Published by Insight Editions, San Rafael, California, in 2023. PO Box 3088
San Rafael, CA 94912

www.insighteditions.com

Publisher: Raoul Goff; VP of Licensing and Partnerships: Vanessa Lopez;
VP of Creative: Chrissy Kwasnik; VP of Manufacturing: Alix Nicholaeff;
Publishing Director: Mike Degler; Designer: Lola Villanueva; Senior Editor: Jennifer Sims;
Editors: Rick Chillot and Harrison Tunggal; Associate Editor: Sadie Lowry;
Senior Production Editor: Michael Hylton; Production Associate: Deena Hashem;
Senior Production Manager, Subsidiary Rights: Lina s Palma-Tenema

Photographer: Emily Hawkes; Props: Andrea Greco; Food Assistant: Fatima Khamise;
Production Assistant: Jill Seymour. Photography for pages 8, 14, 20, 31, 38, 41, 53, 54, 68, 98, 101, 102, 105, 106, 110, and 115 by Ted Thomas. Food and styling for pages 8, 14, 20, 31, 38, 41, 53, 54, 68, 98, 101, 102, 105, 106, 110, and 115 by Elena P. Craig.
Art on pages 6, 7, 126, and 127 by Christian Glücklich

Special thanks to Sherin Kwan, Alex Wiltshire, Audrey Searcy, and Mojang Studios.